Georg Renöckl

111 Orte im Mostviertel, die man gesehen haben muss

111

emons:

Bibliografische Information der Deutschen Nationalbibliothek
Die Deutsche Nationalbibliothek verzeichnet diese Publikation in der Deutschen Nationalbibliografie; detaillierte bibliografische Daten sind im Internet über http://dnb.d-nb.de abrufbar.

Layout: Eva Kraskes, nach einem Konzept
von Lübbeke | Naumann | Thoben
Kartografie: altancicek.design, www.altancicek.de
Kartenbasisinformationen aus Openstreetmap,

Druck und Bindung: Himmer GmbH Druckerei & Verlag, Augsburg
Printed in Germany 2021
Erstausgabe 2021
ISBN 978-3-7408-1074-0
Aktualisierte Neuauflage November 2021

Vorwort

Kann man Österreich steigern? Falls ja, dann ist das Gebiet zwischen Enns und Wienerwald der Superlativ. Österreichischer geht es nämlich nicht: Hier, wo der Name des Landes im frühen Mittelalter erstmals niedergeschrieben wurde, bietet die Landschaft vom Alpenhauptkamm bis zum Donaustrom jedes nur erdenkliche Relief von hochalpin bis bretteleben. Es dominiert aber mit Abstand die goldene Mitte, der Hügel. Blickt man von einem der unzähligen Gipfel über das Land, könnte man es auch für einen riesigen Obstgarten halten. Zwischen all den Feldern und Streuobstwiesen wetteifern Dorfkirchen um die kühnste gotische Gewölbekonstruktion und den üppigsten barocken Hochaltar. Stattliche Bauernhöfe, behäbige Klöster und stolze Industriedenkmäler drücken der Landschaft ihren Stempel auf. In dieser wurde mitunter freilich mehr Geschichte geschrieben, als einem lieb sein kann.

Und der Most? Den hat man jahrhundertelang einfach getrunken. Doch als im späten 19. Jahrhundert die Eisenbahn auch die hintersten Winkel der Donaumonarchie erschlossen hatte, verströmte der zum Exportschlager gewordene Obstwein plötzlich mehr als nur den goldgelben Duft reifer Birnen: die betörende Melodie klingender Münze nämlich. 3.000 immer noch imposante Vierkanter wurden mit dem Geld gebaut, das der Birnenmost damals in die Kassen spülte. Und wer weiß, vielleicht hätte man ihn ja wie Champagner oder Sherry sogar nach seiner Herkunftsregion benannt, wenn – ja, wenn diese einen vernünftigen Namen gehabt hätte.

Doch den Habsburgern war für das Kernland ihres Herzogtums nichts Besseres eingefallen als die technokratische Bezeichnung »Viertel ober dem Wienerwald«. Abgekürzt: VOWW. Damit war natürlich nichts anzufangen. Da man das Getränk also nicht nach dem Gebiet benennen konnte, machte man es halt umgekehrt. Willkommen im Mostviertel!

111 Orte

1 Der Korkenzieher | Ahrenberg
Es muss nicht immer Most sein | 10

2 Anna Selbdritt | Annaberg
Der Countdown läuft | 12

3 Die Halde | Anzenhof
Der Berg, der aus der Tiefe kam | 14

4 Das Margaretenfenster | Ardagger Stift
Romanische Horrorshow | 16

5 Die Nussknackerei | Dollbach
Das Glück liegt in der Wiese | 18

6 Das Mahnmal Dorna | Dorna
»Niemals vergessen«, praktisch umgesetzt | 20

7 Das Galgenkreuz | Ennsdorf
(Nicht nur) gruselige Erinnerung | 22

8 Das Friedensdenkmal | Erlauf
Österreichs Elbe-Day | 24

9 Die Linden | Eschenau
Auf jeden Fall Kult | 26

10 Das Feldbahnmuseum | Freiland
Alles, nur kein Spielzeug! | 28

11 Das Herzogsgrab | Gaming
Noblesse oblige | 30

12 Die Falco-Skulptur | Gansbach
Die Welt steht auf kein' Fall mehr lang | 32

13 Der Steinkreis | Geyersberg
Wo ein Wille ist, ist auch ein Werk | 34

14 Das Heimatmuseum | Gigerreith
Die bäuerliche Welt von gestern | 36

15 Das Hochmoor | Göstling
Erkenntnisse im Trüben fischen | 38

16 Die Wildnis | Göstling
Der letzte Urwald des Alpenbogens | 40

17 Der jüdische Friedhof | Göttsbach
Geschändet, gerettet, vergessen | 42

18 Die Galgenkogelkapelle | Gresten
Schwarze Engel als nette Geste | 44

19 Die Trogerkapelle | Gutenbrunn
Blau, blauer, Trogerblau | 46

20 Das Parteitagszimmer | Hainfeld
Dem Genius Loci auf der Spur | 48

21 Der Doppel-T-Hof | Haselgraben
Kein Veränderungsbedarf seit 400 Jahren | 50

22 Der Kalkbrennofen | Heitzing
Ein Blick nicht hinter, sondern in die Fassade | 52

23 Die Beschneidung | Herzogenburg
Sagen wir lieber Silvester dazu | 54

24 Die stille Heldin | Herzograd
Kennen Sie Anna Strasser? | 56

25 Das Strandbad | Hollenstein
Ein Sommer wie damals | 58

26 Die Insel Wörth | Hößgang
Die letzte Insel des Strudengaus | 60

27 Die Winterhütte | Innerfahrafeld
Holzknechtland ist abgebrannt | 62

28 Die Seccomalereien | Josefsberg
Hommage im Pfarrhof | 64

29 Die Maurermeisterluck'n | Kendl
Wenn der Maurer freihat | 66

30 Die Bergstrecke | Kienberg
Der letzte Rest der Ybbstalbahn | 68

31 Die heilige Kümmernis | Kienberg
Schlechtes Timing | 70

32 Der Kräutergarten | Kirchberg an der Pielach
Die Apotheke am Wegrand | 72

33 Die Köhlerei | Kleindurlas
Mit dem Feuer spielt man nicht | 74

34 Die Doppelmadonna | Kleinhain
Die Kleinen vor! | 76

35 Der Kollmitzberg | Kollmitzberg
Zauberberg an der Donau | 78

36 Das Nusseum | Krummnußbaum
Nomen wird omen | 80

37 Der Ziegenhof | Kürnberg
Das einfachste Produkt der Welt, also fast | 82

38 Der Enzian | Lackenhof
Auf den Spuren des Erstbesteigers aus dem Flachland | 84

39 Die Römerbrücke | Lanzing
Wegen Völkerwanderung außer Betrieb | 86

40 Die Triftanlage | Lassing
Wasser hatte einmal Balken | 88

41 Das Grab der Cimburgis | Lilienfeld
Gut sichtbar versteckt | 90

42 Der Muckenkogel | Lilienfeld
Viel eindrucksvoller, als er klingt | 92

43 Der Eiskeller | Loosdorf
Vom Keller in den Kasten | 94

44 Der Schutzengel | Loosdorf
Fahret hin in Frieden | 96

45 Die Herrenalm | Lunz am See
Urig und altehrwürdig zugleich | 98

46 Der Kältepol | Lunz am See
Stilles Loch mit lauter Vergangenheit | 100

47 Das Plakat | Lunz am See
Erinnerung an lebensgefährliche Zivilcourage | 102

48 Das Landesklinikum | Mauer
Eine Utopie, in der man spazieren gehen kann | 104

49 Die Elsbeere | Michelbach
Sorbus torminalis. What else? | 106

50 Die Toleranzkirche | Mitterbach
Holz, Würde, Stolz | 108

51 Der Kulturhof | Neuhofen
1.000 Jahre Österreich | 110

52 Das Urzeitmuseum | Nussdorf
Das Gräberfeld als Zeitmaschine | 112

53 Der alte Friedhof | Oberwölbling
Mostviertler memento mori | 114

54 Das Fleischereimuseum | Oberwölbling
Als die Wurst noch nicht wurst war | 116

55 Der Freiheitsstein | Obritzberg
Das Mostviertler »Leo« | 118

56 St. Cäcilia | Perersdorf
Österreichs musikalischste Ruine | 120

57 Das Tischlermuseum | Pöchlarn
Nix für Owizahrer | 122

58 Der Weg des Friedens | Purgstall
Im Hinterland des Ersten Weltkriegs | 124

59___ Der Vierkanter | Reichhub
Einer muss der größte sein | 126

60___ Pindigiland | Ruprechtshofen
Ein Paradies für Pinball-Wizards | 128

61___ Das Badehaus | Salaberg
Ein Hauch Venedig im Mostviertel | 130

62___ Die Gottesmuttermilch | Sarling
Wenn Mythen wandern und Mönche träumen | 132

63___ Das Zisterzienserschloss | Säusenstein
Mit dem Zug durchs Kloster | 134

64___ Die Geister | Schallaburg
Block- und Ghostbuster im alten Gemäuer | 136

65___ Das Mausoleum | Scheibbs
Das zerschlagene Imperium | 138

66___ Die Schützenscheiben | Scheibbs
Sie wollen ja nur spielen | 140

67___ Die Siebenschläferkirche | Schwarzenbach
Lasst die Nager zu mir kommen! | 142

68___ Die Rekord-Ostereier | Schwerbachgegend
Mit Lebensfreude an die Weltspitze | 144

69___ Das Schloss der Dichterin | Seisenegg
Vom Raubritternest zur protestantischen Hochburg | 146

70___ Der Hofgarten | Seitenstetten
Bete und gartle! | 148

71___ Der Lehrpfad | Sitzenberg-Reidling
Nicht für die Schule, sondern für das Leben | 150

72___ Das Augenbründl | St. Gotthard im Texingtal
Tiere bitte draußen warten | 152

73___ Die Greißlerei | St. Leonhard am Forst
Gemischtwarenhandlung als Kreativitätskatalysator | 154

74___ Die einsamsten Gipfel | St. Leonhard am Walde
Pilgerorte für Individualisten | 156

75___ Der Mostpudding | St. Leonhard am Walde
Sagen Sie niemals »Kuchen« zu ihm | 158

76___ Die Glocke | St. Martin am Ybbsfelde
Alt, aber laut | 160

77___ Die Mühle | St. Peter in der Au
Älter, jünger, bunter | 162

78___ Schloss St. Peter | St. Peter in der Au
Von der Zwingburg zum Ort für alle | 164

79 Der Friedhof | St. Pölten
Unter dem Pflaster die Knochen | 166

80 Der Sonnenpark | St. Pölten
Der Traum ein Garten | 168

81 Die Synagoge | St. Pölten
So schön, dass es wehtut | 170

82 Die Ent-Täuschung | Steinakirchen am Forst
Grundkurs Barock in der gotischen Hallenkirche | 172

83 Die Aussiedlung | Stephanshart
Überschwemmt und weggesprengt | 174

84 Der Eibenwald | Stollberg
Unheimlich schöne Bäume | 176

85 Das Drahteselmuseum | Strengberg
Innovative Oldtimer, zeitlos schön | 178

86 Der Hühnerstall | Toberstetten
Frische Hühner für den frittierten Heiligen | 180

87 Die Dirndln | Tradigistgegend
Eine Hand wäscht die andere | 182

88 Die Forellenteiche | Traismauer
Frischer Fisch aus alten Teichen | 184

89 Die Regentag | Tulln
Der Lebensraum als Kunstwerk | 186

90 Das Zuckermuseum | Tulln
Das weiße Gold des Tullnerfelds | 188

91 Die Kapelle | Türnitz
Barockes Understatement | 190

92 Die Waffensammlung | Ulmerfeld
Tödliche Schönheit, mörderische Präzision | 192

93 Der Anagama-Ofen | Waidhofen an der Ybbs
Japanische Keramik aus dem Mostviertel | 194

94 Das Museum in der Konditorei | Waidhofen an der Ybbs
Hör mal, wer da klopft! | 196

95 Das Wetterhäuschen | Waidhofen an der Ybbs
Heiß umfehdet, wild umstritten | 198

96 Das Wimmelbild | Waidhofen an der Ybbs
Suchbild mit Hakenkreuz | 200

97 Die Spinnerei | Walpersdorf
Österreichs älteste Fabrik | 202

98 Die Milchmäderl | Weißenberg
Schafskäse wie überall, nur ganz anders | 204

99 Der Keller | Weistrach
Einfach nur Most ist gar nicht so einfach | 206

100 St. Johann in der Wüste | Wienerbruck
Die verschwundene Zwingkirche | 208

101 Das Oktogon | Wieselburg
Österreichs älteste Fresken | 210

102 Der Matrassteig | Wiesen
Berg am Strome | 212

103 Daisyworld | Wilhelmsburg
Wo die Sixties nie zu Ende gehen | 214

104 Der Russenfriedhof | Winden
Krieg und Frieden im Mostviertel | 216

105 Das Schauerkreuz | Windhag
Schauriger Ort, schöne Aussicht | 218

106 Die Street-Art-Wände | Würmla
Wenn Silos und Stadlwände zu erzählen beginnen | 220

107 Das Donaukraftwerk | Ybbs
Strom aus dem Strom | 222

108 Die Statue | Ybbs
Propaganda aus Gusseisen | 224

109 Die Tannhäuserhöhle | Ybbsitz
Eine strategische Wahl | 226

110 Die Traisenmündung | Zwentendorf
Vorwärts zur Natur | 228

111 Der Reaktor | Zwentendorf
Das sicherste Kernkraftwerk der Welt | 230

1 Der Korkenzieher

Es muss nicht immer Most sein

Kein Birnbaum ist in Sicht, und besonders hügelig kann man die Gegend auch nicht nennen. Irgendwie hat man sich das Mostviertel anders vorgestellt, doch von Beschwerden über die Aussicht ist nichts bekannt. Dafür ist das Land, das man von der »Korkenzieher« genannten Aussichtswarte überblickt, einfach ein zu schöner Flecken Erde. Dass der Begriff »Mostviertel« nicht zu jedem Stück des vielfältigen und abwechslungsreichen Gebiets passt, kann man diesem Teil ja auch nur schwer zum Vorwurf machen.

Nur 18 Meter ist der 2006 errichtete Stahlturm hoch, dessen Spitze einem überdimensionalen Korkenzieher gleicht. Da er sich auf dem bewaldeten Rücken des Fuchsberges auf immerhin 163 Metern Seehöhe befindet, streicht der Blick trotzdem weit übers Land zwischen Donau, Schneeberg und den vielen Hügeln des Mostviertels, die man dann doch von hier oben entdeckt, wenn auch in weiter Ferne. Ein Themenweg mit allerlei Wissenswertem über den Wald, seine Holzarten und seine Bewohner führt von Ahrenberg herauf, doch der wahre Höhepunkt des Ortes liegt tief unter der Erde: Direkt unterhalb der Aussichtswarte wurde vor urdenklichen Zeiten Keller um Keller in die Hänge des Fuchsberges gegraben. Gemeinsam bilden sie heute die längste durchgehend geöffnete Kellergasse des Landes, und das will in Niederösterreich durchaus etwas heißen.

Vom Korkenzieher aus erreicht man sie über einen steilen Pfad durch den Wald. »Heute geschlossen wegen gestern« steht zwar beim Lokalaugenschein an einer Tür, doch schon die nächste ist einladend geöffnet. »Einer hat immer ausg'steckt« lautet der Wahlspruch der hier versammelten Winzer. Mit etwas Glück erwischt man einen, der sich als »Traisentaler Weinbegleiter« die Zeit nimmt, einem die Besonderheiten der mineralisch-eleganten Weine aus der Gegend zu erklären, in der schon die Römer Wein kelterten, die aber dennoch als jüngste Weinregion Österreichs gilt.

Adresse 3454 Ahrenberg | **Anfahrt** An der B 43 unmittelbar östlich von Traismauer. Parken Sie am besten an der Ecke Ahrenberger Ortsstraße / Ahrenberger Kellergasse. Von dort führt der Themenweg hinauf zum Korkenzieher. | **Tipp** Der 41 Kilometer lange Franz-Schubert-Radweg von Traismauer nach Tulln führt hier vorbei, zahlreiche weitere Kellergassen und schöne Ecken liegen am Weg (www.radwege-mostviertel com/ FranzSchubertradweg.htm).

2 Anna Selbdritt

Der Countdown läuft

Der Glaube kann Berge vielleicht nicht versetzen, doch er kann sie unsichtbar machen. Das beweist die Via Sacra. Schnurgerade führt der uralte Pilgerweg von Wien zur Madonnenstatue von Mariazell, dem österreichischen Nationalheiligtum. Doch kurz vor dem Ziel macht er eine scharfe Kurve, und genau da könnten auch dem frömmsten Pilger Zweifel kommen: Denn so majestätisch, wie einem der Ötscher auf der Passhöhe von Annaberg plötzlich gegenübersteht, ist ein anderer Sehnsuchtsort kaum noch denkbar. Sicher ist es schön in Mariazell, doch ist der mächtige, von den Kelten »ocàn«, also »Vaterberg« getaufte Gebirgsstock nicht viel interessanter?

Es muss die Kirchenoberen in grauer Vorzeit gewurmt haben, dass dieser alte Vater der Magna Mater Austriae, um die es hier doch eigentlich gehen sollte, so frech die Show stahl. Um die Wallfahrer auf Spur zu halten, entwickelten sie einen genialen Plan. Erster Punkt: die im frühen Mittelalter »Tannberg« genannte Passhöhe mit dem unwiderstehlichen Ötscherblick. Flugs modelte man den Namen etwas um, machte Annaberg daraus und errichtete der heiligen Anna eine Kirche. Anna war schließlich die Mutter der Heiligen Jungfrau Maria – ein deutlicher Wink mit dem biblischen Zaunpfahl für eventuell zerstreute Pilger. Den nächsten Hügel auf der Strecke weihte man Annas Ehemann, dem heiligen Joachim. Als Dritter bekam der heilige Josef seinen eigenen Berg, immerhin der Ziehvater des Jesus von Nazareth. Somit war der Countdown nach Mariazell komplett – wer eine Station nach der anderen absolvierte, wurde elegant am Ötscher vorbeigelotst und konnte nach Oma, Opa und Papa des Jesuskinds die Gottesmutter in Mariazell nicht mehr verpassen.

Im ehemaligen Tannberg stimmt eine spätgotische, von Jakob Kaschauer geschnitzte Anna-Selbdritt-Gruppe aus dem Jahr 1440 auf den heiligen Countdown ein – der Ötscher ist zwar nicht weg, doch der echte Pilger bemerkt ihn nicht einmal.

Adresse Annarotte 9, 3222 Annaberg | Anfahrt Annaberg liegt an der B 20 (Mariazeller Straße), die Kirche können Sie nicht verpassen. | Tipp Egal, ob Sie nun nach Mariazell oder zum Ötscher weiterpilgern – lassen Sie den Joachim(sberg) etwas abseits des Weges nicht links liegen. Ein Haflingergestüt im Vordergrund macht den Ötscherblick von hier aus noch einmal schöner.

3 Die Halde

Der Berg, der aus der Tiefe kam

Ältere Einheimische erinnern sich an verwegene Motocross-Rennen, die sie in ihrer Jugend auf den bröckeligen Hängen der Abraumhalden veranstaltet haben. Lost-Places-Fans spüren den Resten aufgelassener Stollen anhand genauer Satellitenbilder nach. Aus dem kollektiven Gedächtnis sind die alten Kohlereviere des Mostviertels jedoch verschwunden.

Dabei sind ihre Spuren unübersehbar: zum Beispiel bei Anzenhof, wo sich hinter einer Werkshalle ein weithin sichtbarer, kahler Berg auftürmt, an dessen steilen Hängen sich nur ein paar tapfere Birken festklammern können. Der dunkelgraue, aus losem Taubgestein bestehende Hügel ist nicht nur ein lohnender, wenn auch auf etwas rutschigem Pfad zu erklimmender Aussichtspunkt über das Wölblinger Becken. Er erzählt auch ein bedeutendes Stück Wirtschaftsgeschichte:

1794 wurde der Kohlebergbau im späteren Hermannschacht erstmals urkundlich erwähnt, doch so richtig kam der Abbau erst nach dem Ersten Weltkrieg in Gang: Als die junge Republik Österreich mit einem Mal von den böhmischen Kohlerevieren abgeschnitten war und dringend Heizmaterial brauchte, wurden die in nur 60 Metern Tiefe lagernden Glanzkohlevorkommen des Wölblinger Beckens plötzlich wichtig. 700 Arbeiter holten täglich an die 1.000 Tonnen Kohle aus dem Untergrund. 1940 wurde die Förderung erstmals eingestellt, da es in Hitlers Reich lohnendere Vorkommen gab und die Arbeiter als Soldaten gebraucht wurden. 1964 war endgültig Schluss mit dem Kohleabbau. Nur das Bergwerkszeichen im Ortswappen von Statzendorf erinnert heute noch daran.

Das müsste nicht sein: Zu den Welterbestätten Frankreichs etwa zählen neben den gotischen Kathedralen oder den Höhlenmalereien von Lascaux auch die Abraumhalden des nordfranzösischen Kohlereviers. Als Zeugen einer wichtigen Epoche der Wirtschafts- und Sozialgeschichte Europas sind sie auch nach Schließung der Stollen der Stolz ihrer Region. Nur so als Anregung.

Adresse 3125 Anzenhof | Anfahrt Von Statzendorf kommend liegt die Abraumhalde gleich links neben der Ortseinfahrt, ein Fußweg führt an einer Werkshalle vorbei dorthin. | Tipp In der nahen Kirche von Statzendorf wird links vor dem Altar auf einer Säule ein als »Steinerner Brotlaib« bekannter riesiger Kalkstein ausgestellt.

4__Das Margaretenfenster

Romanische Horrorshow

Katholische Kirchen sind oft die reinsten Gruselkabinette. Mit auffallender Schaffenslust widmeten sich Generationen von Künstlern der möglichst detailgenauen Darstellung sadistischer Grausamkeiten, durch die frühchristliche Märtyrer vom irdischen ins ewige Leben befördert wurden.

Ein schwacher Trost für alle, die sich dabei an die Grenzen des Erträglichen gebracht fühlen: Nicht immer sind die Berichte, wonach Verurteilte mehrere Hinrichtungen überstehen, besonders glaubwürdig. Warum sollten die dabei zum Einsatz kommenden Engel die Qualen der künftigen Heiligen so in die Länge ziehen?

Auch das Margaretenfenster in der Stiftskirche von Ardagger ist so ein Fall: Viele Legenden ranken sich um Leben und Tod der im Jahr 305 hingerichteten Margareta von Antiochien. Der anonyme Künstler, der das Fenster im 13. Jahrhundert gestaltete, kombinierte sie alle:

Die Schäferin Margarete wird von einem Statthalter entführt, der sie als Frau begehrt und zum Götzendienst überreden will. Sie verweigert sich beidem, woraufhin sie zuerst mit Ruten ausgepeitscht und dann mit eisernen Haken zerfleischt wird. Anschließend wirft man sie einem Drachen zum Fraß vor, dem sie jedoch unversehrt wieder entsteigt. Sie wird eingekerkert, mit brennenden Fackeln gequält, beinahe ertränkt und schließlich enthauptet.

Interessanter als die dargestellte Splatter-Story ist die Geschichte des Fensters selbst. Es entstand um 1234, also in einer spätromanischen Bauphase der in der Gotik vollendeten, in der Barockzeit umgestalteten, mehrfach abgebrannten und verwüsteten Stiftskirche. Das wie durch ein Wunder unversehrt erhaltene Fenster, das den Zweiten Weltkrieg hinter einer schützenden Ziegelmauer überstand, ist nicht nur die älteste bekannte Darstellung der Legende der heiligen Margareta, sondern überhaupt das älteste in Österreich erhaltene Fenster mit szenischen Darstellungen einer Heiligenvita.

Adresse Ardagger Stift 3, 3300 Ardagger Stift | Anfahrt Von Amstetten oder der A-1-Ausfahrt Amstetten West über die B 119 (Greiner Straße). | Tipp Nach der Besichtigung des Stifts ist Ardagger Markt ein lohnendes Ziel für einen ganz prosaischen Marktbummel: ein lebendiges Ortszentrum mit viel historischer Bausubstanz, ordentlichen Wirtshäusern, Fleischer, Bäcker und einem sommers bewohnten Storchennest auf dem Schiffsmeisterhaus.

5 Die Nussknackerei

Das Glück liegt in der Wiese

Einst war es üblich, für jedes neugeborene Kind einen Nussbaum zu pflanzen, als Grundversorgung sozusagen. Daher gibt es auf dem Gebiet der Donaumonarchie heute noch viele Nussbäume. Und es gäbe noch viel mehr, wäre ein großer Teil von ihnen nicht gemeinsam mit dem Kaiserreich untergegangen: Ihr Holz wurde für die Produktion von Gewehrkolben sehr geschätzt.

Für Nussbäume hat Julia Taubinger seit jeher einen genauen Blick: Da ihre Eltern eine große Mühle betrieben, kannte sie viele Bäcker und wusste um deren Schwierigkeiten, Nüsse von guter Qualität aufzutreiben – von Ware aus der Region ganz zu schweigen. Gleichzeitig fielen ihr bei ihrer Arbeit als Architektin für Kleinwasserkraftwerke immer wieder Nussbäume auf, die ungenützt in der Gegend herumstanden. Als ihr Mann Marcus Schindelegger den familieneigenen Bauernhof übernahm, nützte sie die Gelegenheit, endlich »etwas mit Nüssen« zu machen. Allerdings nicht irgendetwas: 2016 wurde der alte Hof zum Nussland. Hier sollten Bauern und private Nussbaumbesitzer eine Anlaufstelle finden, an der sie ihre Nüsse abgeben und zu einem fairen Preis verkaufen können.

Herzstück des Betriebs ist eine von Marcus, der praktischerweise Maschinenbauer ist, entwickelte »Nussknackerei«: 150 Tonnen Nüsse werden darin jährlich von ausgeklügelten Maschinen von allen nicht essbaren Bestandteilen befreit. Drei Viertel der so vorbereiteten Nüsse gehen an Bäckereien, der Rest wird im Nussland weiterverarbeitet und verfeinert: zu süßen oder pikanten Snacks mit Zutaten wie Schokolade, Honig, Karamell, Knoblauch, Rauch, Chili oder Paprika, zu Nussmus in vielen Variationen oder zu Nusspesto.

Längst gilt die Walnuss als Superfood, prallvoll mit Omega-3-Fettsäuren, Kalium, Magnesium, Zink, Eisen und Vitaminen. 850 Sorten Walnüsse gibt es allein in Österreich – ein Schatz, der viel zu schade dazu ist, ihn auf den Wiesen und in den Gärten verrotten zu lassen.

Adresse Dollbach 2, 3252 Landfriedstetten, Tel. 0741/652900, www.nussland.at | Anfahrt Über die A 1, Ausfahrt Pöchlarn oder Ybbs, dann die B 1 bis Plaika, weiter in Richtung Kendl und Bergland. | Öffnungszeiten Mo–Fr 8–12 und 13–16 Uhr | Tipp In Richtung Rainberg geht es über eine bewaldete Anhöhe. Bei einer scharfen Linkskurve führt ein Fußweg rechts von der Straße weg zu zwei großen Höhlen im Wald. Womöglich handelt es sich um prähistorische Wohnungen, um Fluchthöhlen oder die Überreste einer verschwundenen Burg.

6 Das Mahnmal Dorna

»Niemals vergessen«, praktisch umgesetzt

Beschäftigt man sich mit der Zeit des Nationalsozialismus, gerät man schnell in eine paradoxe Lage: Je mehr man darüber weiß, umso weniger begreift man.

Zur langen Liste von Taten, deren Grausamkeit unser Fassungsvermögen übersteigt, zählen die Todesmärsche in der letzten Phase des Krieges. Während die Front näher rückte, trieben Wehrmacht und SS endlose Menschenkolonnen durch das Land: Meist ungarische KZ-Häftlinge, die bei der Errichtung des sogenannten Südostwalls eingesetzt worden waren, sowie Zwangsarbeiter aus diversen Außenlagern. Sie sollten in Mauthausen ermordet werden. Wer unterwegs zu fliehen versuchte oder nicht mehr gehen konnte, wurde an Ort und Stelle erschossen. Etwa 23.000 Menschen starben auf diese Weise in Niederösterreich entlang der Marschrouten. Eine der Kolonnen machte Mitte April 1945 auf dem Bauernhof der Familie Will in Dorna bei Mank halt. Die Häftlinge übernachteten im Stadel. Einigen gelang in der Nacht die Flucht, drei von ihnen versteckten sich im Bauernhaus. Sie wurden am nächsten Morgen entdeckt und vor dem Hof erschossen. Die Bauernfamilie musste dabei zusehen, auch der damals vierjährige Alois Will.

64 Jahre später, also im Jahr 2009, besuchte er im Rahmen einer Reise nach Israel Yad Vashem und erzählte dort erstmals vom damals Erlebten. Ermutigt von seinen Mitreisenden beschloss er, den Ermordeten ein Denkmal auf seinem Hof zu errichten. Historiker sowie Schüler und Lehrer der Polytechnischen Schule Mank halfen mit.

Was Alois Will nicht wusste: Ohne ihn hätten die Mörder ihr Ziel erreicht, die Geschichte ihrer Opfer auszulöschen. Bei der mehrmaligen Umbettung der Gebeine »vergaß« man irgendwann den Hinweis, dass es sich um NS-Opfer handelt. Der Ort ihrer letzten Ruhestätte ist heute unbekannt. Nur das in der Form eines jüdischen Grabes gestaltete Mahnmal Dorna erinnert an ihr Schicksal.

Adresse 3240 Dorna | Anfahrt Südwestlich von Mank an der Straße nach Kirnberg gelegen. Ein Wegweiser kurz nach der Ausfahrt aus Mank markiert die Abzweigung. | Tipp Hinter dem Bauernhof der Familie Gansch (3241 Pöllaberg 4) steht eine unscheinbare kleine Kirche. Fragen Sie die Familie um den Schlüssel – in der Kirche fühlt man sich wie in einem barocken Schmuckkästchen.

7 Das Galgenkreuz

(Nicht nur) gruselige Erinnerung

Eine alte Bildsäule und drei junge Linden stehen auf einem kleinen Platz in einer typischen Einfamilienhausgegend, in der an schönen Sommernachmittagen stets irgendwo ein Rasenmäher brummt. Früher stand eine einzelne uralte Linde an der Stelle der drei jungen, doch niemand weiß heute, wann sie gefällt wurde. Auch die Bezeichnung »Galgenbaum« ist in Vergessenheit geraten.

Es handelte sich um die Gerichtslinde der landesfürstlichen Burg Enns, in deren Schatten einst Urteile vollstreckt wurden – allerdings nur vormittags, weiß zumindest eine Legende: Demnach verschaffte sich ein Verbrecher namens Betermacher-Hansel eine kurze Gnadenfrist, indem er so langsamen Schritts von seiner Zelle in der Ennser Burg zum Richtplatz ging, dass er samt seiner Eskorte erst Schlag zwölf bei der Gerichtslinde in Ennsdorf ankam. Zweimal gelang der Trick, und die Truppe musste unverrichteter Dinge nach Enns zurückkehren. Erst dann kam man auf die Idee, den fußmaroden Verurteilten in einen Wagen zu setzen.

Wie viele Todesurteile unter der Ennsdorfer Linde vollstreckt wurden, ist nicht bekannt. Ein gutes Zeichen: Die Zeit der öffentlichen Hinrichtungen ist schlicht und einfach schon zu lange her. Bei aller Lust am makabren Detail, die zwischen den Zeilen alter Legenden hervorblitzt, gerät leicht in Vergessenheit, dass Österreich bei der Abschaffung der Todesstrafe zu den Vorreitern zählte: Bereits 1787 wurde sie von Joseph II. erstmals aufgehoben. 1795 wurde sie für schwere Verbrechen wieder eingeführt, 1871 auf verurteilte Mörder beschränkt. Während des Ersten Weltkriegs und im Ständestaat hatten Österreichs Henker dann wieder alle Hände voll zu tun. 1950 schaffte die Zweite Republik die Todesstrafe schließlich endgültig ab, deutlich früher als die meisten anderen europäischen Staaten.

Man sollte sich an düsteren Gedenkorten wie dem Ennsdorfer Galgenkreuz auch daran erinnern.

Adresse gegenüber von Kiesgasse 3, 4482 Ennsdorf | Anfahrt Die Siedlung liegt etwas außerhalb des Ortszentrums an der Wiener Straße, in Fahrtrichtung B 1 und St. Valentin. | Tipp Noch eine Erinnerung an längst vergangene blutrünstige Zeiten findet man an der Fassade des Gasthauses Stöckler in der Wiener Straße 5: Dort sind Kanonenkugeln aus den Napoleonischen Kriegen eingemauert.

8 Das Friedensdenkmal

Österreichs Elbe-Day

Am 25. April 1945 trafen sowjetische und US-amerikanische Einheiten erstmals an der Elbe aufeinander. Hitlerdeutschland bestand nur noch aus wenigen Widerstandsnestern. Eines davon befand sich im Mostviertel, wo die zuvor zur Verteidigung Wiens eingesetzten SS-Einheiten der Roten Armee verlustreiche Kämpfe lieferten. Erst als sich am 8. Mai 1945 der sowjetische Generalmajor Dmitri Dritschkin und US-General Stanley Reinhart im Gemeindeamt von Erlauf an der Donau die Hand reichten, war der Weltkrieg auch in Österreich vorüber.

20 Jahre später wurde auf Initiative jüdischer Emigranten eine Erinnerungstafel an das historische Treffen in dem unscheinbaren Ort enthüllt. In Erlauf begann man sich stärker als anderswo mit der Geschichte auseinanderzusetzen. 1995, zum 50. Jahrestag des Kriegsendes, errichteten der russische Künstler Oleg Komov und die Amerikanerin Jenny Holzer zwei Friedensdenkmäler im Ortszentrum. Prompt sorgte eine der Arbeiten für Kontroversen: Komov wollte eine Frauenstatue als Friedenssymbol zwischen einem russischen und einem amerikanischen Offizier platzieren, doch das rief die falschen Erinnerungen hervor. Viele Frauen waren damals Opfer von Übergriffen geworden. So steht nun ein kleines Mädchen als Verkörperung des Friedens zwischen den Soldaten.

Unmittelbar neben Komovs Figurengruppe leuchtet nachts ein Lichtstrahl in den Himmel über Erlauf: Jenny Holzers Lichtskulptur am Kreuzungspunkt zweier Wege, die durch gravierte Steinplatten markiert sind. Auch dieses Denkmal setzt auf Irritation, diesmal aber ganz bewusst: Die Künstlerin hat ihre Assoziationen zum Krieg als schockierende Sätze und Satzfetzen in die Steine gemeißelt, etwa: »beraubte Juden« – »der Soldat schlägt mir in den Magen« – »voll mit geschlucktem Blut«.

Erlauf hat somit ein Friedensdenkmal, das zum Nachdenken und zur Auseinandersetzung zwingt. Ein Idealfall.

Adresse Marktplatz, 3252 Erlauf | **Anfahrt** Erlauf liegt direkt an der B 1 (A-1-Ausfahrten Pöchlarn oder Ybbs). | **Tipp** Genaueres zum Kriegsende und zur Geschichte des Denkmals findet man im Museum »Erlauf erinnert« (Kirchenplatz 3, Tel 02757/61053, geöffnet April–Okt. Sa, So, Feiertage 10–16 Uhr, Nov.–März So 10–16 Uhr).

9 Die Linden

Auf jeden Fall Kult

Wo eine Linde steht, sind große Gefühle nicht weit. Das wusste schon Walther von der Vogelweide, als er eines seiner berühmtesten Minnelieder »under der linden« nannte. Auch in zahlreichen Volksliedern und Märchen, in Goethes »Werther« oder in Wilhelm Müllers von Franz Schubert vertontem Gedicht »Der Lindenbaum« steht die Linde für Sehnsucht und Liebe. Eine Linde war einst auf jedem Dorfplatz zu finden, oft stand sie von einem Holzboden umgeben als Tanzlinde im Zentrum lokaler Bräuche und Feste. Doch nicht nur beim fröhlichen Feiern bildete der Lindenbaum den Mittelpunkt, auch Gerichtsprozesse und Urteilsvollstreckungen fanden bis in die frühe Neuzeit stets im Schatten eines Lindenbaums statt.

Zwei riesige Linden stehen auch auf einer aussichtsreichen Anhöhe bei Eschenau. Schätzungen zufolge sollen sie 600 bis 700 Jahre alt sein, ihr genaues Alter lässt sich nicht feststellen: Da die Stämme ausgehöhlt sind – in einem der zwei Bäume kann man sogar bis in die Krone klettern –, ist keine Kernbohrung möglich. Wer pflanzte die beiden Bäume, und vor allem: Wozu? Die Tatsache, dass sich ein »Ewige Träne« genannter kleiner Tümpel zwischen ihnen befindet, nährt natürlich die Spekulationen, es könnte sich um eine alte Kultstätte handeln. Noch dazu wachsen ein paar ebenfalls Kult-verdächtige Eiben gleich daneben. Ihre frühere Bestimmung wird sich nicht herausfinden lassen, doch stehen die Bäume zweifellos an einem besonderen Platz, von dem der Blick weit ins Land reicht und an dem man gern eine Weile innehält.

Und wer weiß, vielleicht hat der Platz zwischen den beiden Linden nicht nur eine geheimnisvolle Vergangenheit, sondern auch eine große Zukunft: Die »Ewige Träne« trocknet im lehmigen, dichten Boden nie aus, obwohl sie nur von Oberflächenwasser gespeist wird. Damit hat sie in den bevorstehenden Hitzesommern durchaus das Potenzial zum Kult-, zumindest aber zum Sehnsuchtsort. Tandaradei …

Adresse 3153 Eschenau | **Anfahrt** Über die B 20 (Mariazeller Straße) bis Rotheau, von dort nach Eschenau, Sonnleitgraben 7. Zu Fuß zunächst die Straße entlang, dann dem Wegweiser Richtung Geisheben folgen (Gehzeit etwa 20 Minuten). | **Tipp** Eschenau ist Ausgangspunkt eines etwa dreistündigen Obstbaumlehrpfades, der in 14 Stationen über die Kaiserkogelhütte zu zahlreichen Bauernhöfen mit Ab-Hof-Verkauf führt. Ein Übersichtsplan hängt im Ortszentrum.

10 Das Feldbahnmuseum

Alles, nur kein Spielzeug!

Schon die Römer bauten Straßen mit Spurrillen, damit ihre Fuhrwerke besser vorankamen, doch erst 1825 wurde die erste »richtige« Eisenbahnstrecke eröffnet – erst als man gewalzte und damit haltbare Schienen herstellen konnte, war der Siegeszug der Eisenbahn möglich geworden. Ein fein verästeltes Schienennetz begann die Länder und Kontinente zu überziehen und zu verbinden. Auch im Kleinen erwiesen sich Züge als überaus praktisch: Selbst im Keller von Nationalbanken wurden Banknotenbündel per Eisenbahn von einem Tresor zum nächsten transportiert, wie auch die Lebensmittel und fertigen Speisen in Großküchen oder diverse Materialien in unzähligen Fabriken und Werkstätten, auf deren Gelände man heute noch über längst nicht mehr benützte Schienen stolpert.

Wie so oft war auch bei der Entwicklung der Eisenbahn der Krieg ein wichtiger Motor: 1888 wurde die k. u. k. Feldbahn gegründet, um Truppen und Material schneller von A nach B zu bringen. Man verlegte die Schienen dort, wo man die Truppe eben haben wollte, und baute sie später wieder ab. Auch für friedliche Zwecke, etwa den Holztransport, wurden temporäre Schmalspurbahnen angelegt und wieder eingestellt, wenn die Arbeit getan war.

Mit dem Ausbau der Straßennetze verschwanden die Schienen der Feld- und Industriebahnen wieder aus der Landschaft. Nur noch in wenigen Bereichen wie dem Tunnelbau werden nach wie vor hoch spezialisierte Züge eingesetzt. Seit etwa 50 Jahren ist Freiland der Sitz eines Vereins, der es sich zur Aufgabe gemacht hat, die Erinnerung an die vielen kleinen Bahnen zu bewahren. Eisenbahn-Nerds finden hier Gesprächspartner, mit denen sie über Vor- und Nachteile von Schlepp- und Zungenweichen diskutieren können. Kinder freuen sich über die kleine Dampflokomotive. Doch sosehr die Feldbahnen auch nach Spielzeug aussehen mögen: Sie waren es, die jahrzehntelang dafür gesorgt haben, dass die Wirtschaft wie auf Schienen lief.

Adresse Maierhof 8, 3183 Freiland, Tel. 0664/2749113 | **Anfahrt** Das Museum liegt an der B 214 in Richtung St. Aegyd, kurz nach der Abzweigung von der B 20. | **Öffnungszeiten** immer am letzten So des Monats während der warmen Jahreszeit, www.feldbahn.at | **Tipp** Wie auf Schienen geht es auch auf der Allwetterrodelbahn im nahen Türnitz den Berg hinunter, allerdings deutlich wilder als auf der ebenen Feldbahnstrecke (Eiblstraße 12a, 3184 Türnitz, Tel. 02769/8245, geöffnet April–Nov.).

11 Das Herzogsgrab

Noblesse oblige

Habsburger mit der richtigen Ordnungszahl zu versehen ist eine diffizile Angelegenheit: Der erste Graf, der sich »von Habsburg« nannte und – gut zu merken – im Jahr 1111 ermordet wurde, war nämlich schon ein zweiter: Er hieß Otto II. Sein Onkel, der erste Otto der Familie, nannte sich noch nicht nach der Burg im Aargau.

Als die Habsburger mit dem Herzogtum Österreich belehnt wurden, begann eine zusätzliche Zählung für die Herzöge, die dann auch noch häufig römisch-deutsche Könige und Kaiser wurden. Das brachte in manchen Fällen drei verschiedene Ordnungszahlen mit sich. Wahrscheinlich gab man ihnen deshalb zur leichteren Unterscheidungen Beinamen, die man sich leicht merken konnte, wie »der Artige«, »der Verhexte« oder auch »das Weltwunder«.

Albrecht der Weise – auch diese Kombination gab es mehrfach – trug familienintern die Nummer VI, wird aber meist als Herzog Albrecht II. von Österreich bezeichnet. Als er 1330 an die Macht kam, beschloss er, den Herrschaftsanspruch seiner Familie durch eine neue Grablege abzusichern und dazu das größte Kartäuserkloster der Welt zu gründen. 1332 legte er den Grundstein für die Kartause Gaming, zehn Jahre später war der Bau vollendet. 1358 wurde der Stifter dort an der Seite seiner Gemahlin bestattet. Tradition wurde daraus keine: Bereits sein Sohn Rudolf ruht im Wiener Stephansdom.

Auf eine lange Blütezeit der Kartause Gaming folgte ihr jähes Ende mit der Aufhebung des Klosters durch Joseph II. Die Gebeine der Gründer wurden umgebettet, die Kartause leer geräumt und dem Verfall preisgegeben.

Der Wiener Architekt Walter Hildebrand erwarb die einsturzgefährdete Anlage 1985 und hatte eine geniale Idee: Er ließ die sterblichen Überreste der Stifter in ihr ursprüngliches Grab zurückführen. Spenden für die weitere Renovierung waren ihm daraufhin gewiss: Die Erhaltung wurde zur Frage der habsburgischen (Familien-)Ehre, die Kartause war gerettet.

Adresse Kartause 1, 3292 Gaming | **Anfahrt** Über die A 1, Abfahrt Wieselburg, und dann die B 25 (Erlauftalstraße) fahren. | **Tipp** Eine Führung durch die Kartause lohnt sich allein wegen der Bibliothek mit den einzigartigen Erdteilallegorien des Prager Barockkünstlers Lorenz Wenzel Reiner. Auch auf dem Gaminger Bierweg (Start im Kartausenpark) kann man seinen Wissensdurst stillen (bierweg-gaming.at).

12 Die Falco-Skulptur

Die Welt steht auf kein' Fall mehr lang

»In mir mein Bier sitz ich hier, nur wegen dir«, beginnt ein Song auf Falcos zweitem Album »Junge Römer«. Nach diesem hübschen Einstieg wird der Text etwas verwirrend, doch kurz darauf horcht der gelernte Österreicher wieder auf: »Kommt der Komet oder kommt er zu spät«, heißt es mittendrin. Wieder nur ein Spiel mit dem Reim oder vielmehr eine Anspielung an Johann Nestroy, dessen Kometenlied und die große Tradition der Wiener Komödie? Zumindest ist es nicht unwahrscheinlich, dass eine der künstlerischen Wurzeln des größten Popstars, den Österreich je hervorgebracht hat, bis zu diesen tiefen Schichten des Wiener Schmähs hinunterreicht. Immerhin sind seine Texte anspruchsvoller, als es auf den ersten Blick oft scheint, spielen mit den Nuancen von Dialekt und Hochdeutsch und sind geprägt vom oft abgründigen Wiener Humor.

Der Komet in Falcos Text inspirierte die Künstlerin Katrin Plavčak zum Falco-Denkmal, das seit Juni 2018 in Gansbach im Dunkelsteinerwald steht. Hierher reicht nämlich eine weitere, deutlich erkennbare Wurzel Falcos: Sein Vater Alois Hölzel stammt aus dem Dorf im Dunkelsteinerwald. Auch der »Komet« neben der schwarz-silbernen Stahlskulptur, die auf dem Gansbacher Falcoplatz die Silhouette des tanzenden Weltstars zeigt, ist kein Himmelskörper, sondern ein schwerer Brocken Heimat väterlicherseits: Es handelt sich um einen großen Serpentinit aus dem Dunkelsteinerwald. Was Falco zu dem Denkmal an diesem Standort gesagt hätte, kann man hingegen nur vermuten. Seine Eltern trennten sich, als der kleine Johann zehn Jahre alt war. Falcos Beziehung zu seiner Mutter blieb tief, die zum Vater distanziert. Dass sich der in Wien geborene und aufgewachsene Falco als Sohn des Dunkelsteinerwaldes gesehen hat, ist eher unwahrscheinlich, doch eines zeigt die Skulptur auf jeden Fall: Kinder brauchen nicht nur Wurzeln, sondern auch Flügel. Manche sogar einen Kometenschweif.

Adresse Hauptstraße 28, 3122 Gansbach | Anfahrt Am schnellsten über die B 33 (Aggsteiner Straße), durch den Dunkelsteinerwald über Gerolding und Heitzing, aus St. Pölten über Karlstetten und Weyersdorf. | Tipp Über das winzige und hübsche Dorf Scheiblwies gelangt man zur imposanten spätbarocken Wallfahrtskirche Maria Langegg – die man keinesfalls auslassen sollte, wenn man schon in der Nähe ist (3642 Maria Langegg 1).

13 Der Steinkreis

Wo ein Wille ist, ist auch ein Werk

Jahrhunderte vor dem Bau der ersten ägyptischen Pyramiden schleppten Menschen, von denen wir sonst nichts mehr wissen, überall in Europa bis zu 100 Tonnen schwere Steinblöcke durch die Gegend, oft Hunderte Kilometer weit. Sie bauten daraus riesige Tische oder rammten sie in verschiedenen Anordnungen senkrecht in den Boden. Die Anlagen, von Fans auf gut Walisisch »Cromlech« genannt, wurden wohl als riesige Kalender genutzt, sie dienten als Kultstätten und Grabmäler, doch mit Sicherheit vermag niemand genau zu sagen, welche Zwecke sie erfüllten.

Lange Zeit interessierte man sich nicht besonders für die rätselhaften, mit immensem Aufwand hergestellten Zeugen einer längst versunkenen Epoche, benützte sie als Baumaterial oder räumte sie als störende Hindernisse von den Feldern. Dennoch sind auch in Österreich noch immer Hunderte derartiger Rätselsteine zu finden, und längst werden sie nicht mehr zerstört, sondern erforscht. Nur internationale Berühmtheiten wie den Steinkreis von Stonehenge oder die bretonischen Menhirfelder sucht man hier vergebens.

Dass es im Dunkelsteinerwald, dessen mystische Atmosphäre doch ein idealer Standort für ein solches Megalith-Denkmal wäre, weit und breit keinen anständigen Cromlech gab, dürfte den Kunstprofessor, Dokumentarfilmer und Heimatforscher Wilhelm Cerveny gewurmt haben. Frei nach dem Motto »Alles muss man selber machen« legte der von Geheimnisvollem aller Art magisch Angezogene in seiner Wahlheimat Geyersberg eben selbst einen Steinkreis nach megalithischem Vorbild an, dazu ein Hünengrab und allerlei weitere Steinformationen.

Das Do-it-yourself-Stonehenge im Dunkelsteinerwald ist ein kurioser Ort, der aber seine Wirkung nicht verfehlt und tatsächlich gut in die Landschaft passt – und man muss ja nicht alles tierisch ernst nehmen, was auf den oft etwas gar mystisch raunenden Begleittafeln dargelegt wird.

Adresse 3122 Bergern im Dunkelsteinerwald | Anfahrt Von Süden kommend erreicht man den Steinkreis kurz vor der Einfahrt nach Geyersberg-Nesselstauden. Er liegt einige Meter links von der Straße, ein Schild weist den Weg. | Tipp Echte Megalith-Denkmäler sind die Sieben Marksteine bei Oberwölbling: Die etwa anderthalbstündige markierte Wanderung beginnt beim Soldatenfriedhof und führt in Richtung Paudorf.

14 Das Heimatmuseum

Die bäuerliche Welt von gestern

Er habe nur »die kleinen netten Dinge, auf die andere keinen Wert gelegt haben«, erhalten wollen, erzählt Anton Distelberger. Sehr viel mehr Understatement geht nicht: Immerhin sind es gut 22.000 Gegenstände, die das von ihm geführte Bauernmuseum im familieneigenen Vierkanter zum größten privaten Heimatmuseum ganz Österreichs machen.

Die Größe der Sammlung ist kein bloßer Fall für die Statistik: Durch die Vielfalt und Vollständigkeit gelingt es dem Mostbaron a. D. tatsächlich, eine vielleicht nur zwei Generationen entfernte, auf uns heute aber völlig fremd wirkende Welt wiederauferstehen zu lassen. Nicht nur Alltagsgegenstände, sondern auch die Landschaft und vor allem die so zeitlos wirkenden Bauernhöfe selbst sahen damals ganz anders aus: Zu jedem Vierkanter gehörte ein hölzerner, strohgedeckter, »Troadkasten« genannter Getreidespeicher. Doch die sind fast vollständig verschwunden, außer hier, wo der Troadkasten aus dem Jahr 1599 stehen bleiben durfte und heute einen Teil der Sammlung beherbergt. Etwa eine Reihe von Mausefallen, die zeigen, wie viel mörderische Phantasie es brauchte, um die Ernte vor den putzigen Nagern zu schützen. Auch zu Waffen umfunktionierte Sensen, Totschläger und Ochsenziemer beweisen, dass die alte Zeit nicht immer eine gute war, sondern oft auch eine brutale.

Bei Weitem überwiegen in der in Gigerreith zum Leben erweckten Mostviertler Welt von gestern aber friedliche Alltagsgegenstände, von der hofeigenen Schmiede bis zum Fuhrpark aus vergangenen Jahrhunderten, von der Dampf- bis zur Dengelmaschine. In den weitläufigen Räumen des Vierkanters steckt ein ganzes, sorgfältig konserviertes Bilderbuch-Dorf mit Kupferschmiede, Sattlerei, Gerberei, Schuster, Töpfer und Gemischtwarenhandlung. Er wolle ja nur zeigen, »wie die Menschen früher gelebt, gearbeitet und geglaubt haben«, so der alte Mostbaron. Demonstration eindrucksvoll gelungen.

Adresse Mostheuriger Distelberger, Gigerreith 39, 3300 Amstetten | Anfahrt Das Museum liegt unmittelbar an der A 1, Ausfahrt Amstetten West. Der B 119 (Greiner Straße) folgen, nach der Autobahn die erste Straße links. | Öffnungszeiten Besichtigung nach Voranmeldung unter Tel. 07479/7334 | Tipp Als Ergänzung bietet sich nach dem Bauernmuseum der ohnehin verpflichtende Besuch im Mostbirnhaus an (Ardagger Stift 14, 3321 Ardagger Stift, www.mostbirnhaus.at).

15 Das Hochmoor

Erkenntnisse im Trüben fischen

Mitten in der Todeszone wächst das ewige Leben. Torfmoos ist eine Pflanze, die ständig an einem Ende abstirbt und am anderen nachwächst – ohne zeitliche Begrenzung. Sie ernährt sich von Regenwasser und entzieht der Umgebung alle darin enthaltenen Nährstoffe. Das Wasser wird sauer, kein Tier kann darin überleben. Dafür wird konserviert, was vom Moor verschluckt wird. Pollen etwa, die jahrtausendelang erhalten bleiben und das Moor so zu einem Archiv der Landschaft machen: Wissenschaftler können genau rekonstruieren, was hier wann geblüht hat. Mancherorts findet man auch gut erhaltene Moorleichen, die über Menschenopfer in grauer Vorzeit Auskunft geben.

Die längste Zeit sah man wenig Sinn in der Erhaltung von Moorlandschaften. Die sauren Wiesen rundherum waren als Viehfutter nicht zu gebrauchen. Immerhin konnte man Torf abbauen, der als Heizmaterial, Dünger oder Einstreu Verwendung fand. So war es jedenfalls am Leckermoor oberhalb von Göstling, in dem man bis in die 1940er Jahre Gräben aushob, um das vermeintlich unnütze Feuchtgebiet trockenzulegen.

Mittlerweile wissen wir jedoch, dass Moore nicht nur extreme Lebensräume darstellen, sondern auch extrem wichtig für unser Klima sind: Es handelt sich um die effektivsten CO_2-Speicher des Planeten, die – auch wenn sie nur drei Prozent der Landfläche ausmachen – ein Drittel des terrestrischen Kohlenstoffes binden. Legt man die Moore trocken, gelangen Unmengen CO_2 und Lachgas in die Atmosphäre.

Auch in Göstling hat man den Wert des Moores längst erkannt, die einst geschlagenen Wunden geschlossen und das Gebiet renaturiert. Schautafeln bieten bei einer Rundwanderung tiefere Einblicke in die faszinierende Welt der Moore, am besten erschließen sich die Geheimnisse der blühenden Todeszone aber bei einer geführten Tour. Moorleichen bekommt man keine zu sehen, dafür fleischfressende Pflanzen. Keine Sorge, das eine hat mit dem anderen nichts zu tun.

Adresse Treffpunkt für Exkursionen: Hochreit 5, 3345 Göstling/Ybbs, Tel. 07484/2422, www.bauernhof-ablass.at | **Anfahrt** Von der B 25 bei Göstling nach Stixenlehen einbiegen, nach etwa vier Kilometern links nach Hochreit abbiegen. | **Tipp** Zum Ablasshof gehört nicht nur eine empfehlenswerte Jausenstation, im Obergeschoss des alten Bauernhauses wurde auch ein kleines Heimatmuseum eingerichtet. Besichtigungen sind auf Anfrage möglich.

16 Die Wildnis

Der letzte Urwald des Alpenbogens

Jahrhundertelang stritten sich das Stift Admont und die Kartause Gaming um ein Stück Wald südlich des Dürrensteins. Allzu heftig dürften die Kämpfe zwischen den Mönchen nicht ausgefallen sein: Der Rothwald ist nicht nur abgelegen, sondern auch flach, was den Holztransport durch Flößen unmöglich machte. So blieb der Wald von menschlichen Eingriffen verschont und wurde unter Joseph II. schließlich verstaatlicht und weiterverkauft. Mehrere Eigentümer scheiterten an der Erschließung, bis im Jahr 1875 Albert Rothschild den Wald erwarb. Der Bankier zeigte sich vom Anblick der Urwaldriesen tief bewegt: Alle übrigen Wälder der Umgebung waren in den Jahrzehnten zuvor dem rasant steigenden Bedarf an Brennholz und Holzkohle zum Opfer gefallen, Bäume wie hier gab es weit und breit nicht mehr. Albert Rothschild beschloss, diesen Schatz der Nachwelt zu erhalten, auch wenn ihm das viel Spott durch seine Zeitgenossen eintrug.

Dem Weitblick des Bankiers verdanken wir heute den letzten Urwald des Alpenbogens, das einzige von der Weltnaturschutzunion IUCN anerkannte »strenge Wildnisgebiet« Österreichs. Im 500 Hektar großen Urwald selbst herrscht Betretungsverbot. Dafür bietet die Verwaltung Exkursionen in die Randzonen des Gebiets, das sich über insgesamt 3.000 Hektar erstreckt. Rund um den Rothwald endete die forstwirtschaftliche Nutzung 1997. Langsam verwildert das Gebiet und wird wieder zum Urwald, doch das dauert: Etwa 100 Jahre bleibt ein Baum im Ökosystem eines bewirtschafteten Waldes, bis er gefällt und abtransportiert wird. Im Urwald kommt eine Null dazu: Hat ein Baum sein natürliches Ende erreicht, bleibt er oft noch viele Jahrzehnte stehen, und auch umgestürzt wimmelt das liegende »Totholz« vor Leben: Der Baum wird zum Biotop unzähliger Pilze, Flechten, Moose und Insekten. Diesen Prozess zu beobachten ist faszinierend – dauert vom Anfang bis zum Schluss aber etwa 1.000 Jahre.

Adresse bei 3345 Göstling/Ybbs, Informationen über das Gebiet und zu Exkursionen unter www.wildnisgebiet.at | Anfahrt Der Rothwald liegt südlich des Dürrensteins an der steirisch-niederösterreichischen Grenze. | Tipp Die Familie Rothschild hat ihre Besitzungen in Österreich inzwischen zur Gänze verkauft. Geblieben ist jedoch die Bezeichnung »Rothschild-Häuser« für die eleganten Jagd- und Forsthäuser, die damals erbaut wurden. In Langau-Maierhöfen sind noch einige besonders schöne Beispiele erhalten.

17 Der jüdische Friedhof

Geschändet, gerettet, vergessen

Rücken an Rücken stehen sie in einer langen Reihe mitten im hohen Gras, umgeben von einer Steinmauer: Die Grabsteine der jüdischen Gemeinde Ybbs. Genauer gesagt: die verbliebenen Grabsteine, denn der jüdische Friedhof wurde während der Nazizeit geschändet und aufgelassen. Die Grabsteine kaufte ein Steinmetz, der die Namen und damit die Erinnerung an die Verstorbenen abschliff und die Steine wiederverwendete. Der Friedhof selbst diente als Viehweide.

Erst nach langwierigen Verhandlungen konnten in den 1960er Jahren die noch vorhandenen etwa 100 Steine wieder nach Göttsbach zurückgebracht werden. Einem engagierten Religionslehrer der landwirtschaftlichen Schule Francisco-Josephinum ist es zu verdanken, dass es nicht bei der Tilgung der jüdischen Geschichte des Mostviertels blieb. Mit seinen Schülern reinigte Johannes Kammerstätter die geretteten Steine, erneuerte und entzifferte die Inschriften. Da man ihre ursprünglichen Standorte nicht mehr kannte, wurden sie in einer Reihe inmitten des Friedhofs aufgestellt. Die Jugendlichen und ihr Lehrer beließen es nicht beim Rekonstruieren. Sie machten sich auf die aktive Suche nach Überlebenden und deren Nachkommen und fanden erstaunliche Verbindungen: So stammte etwa der berühmte, mittlerweile verstorbene Cartoonist Paul Peter Porges, der für das Magazin MAD, aber auch den New Yorker zeichnete, ursprünglich aus dem Mostviertel. Von Wien aus, wo seine Eltern später eine Greißlerei betrieben, konnte er 1939 mit einem Kindertransport nach Frankreich fliehen, später ging es weiter in die USA.

Im Eingangsbereich des Friedhofs aufgestellte Tafeln porträtieren mutige Menschen aus der Umgebung, die sich nicht in die nationalsozialistische Vernichtungsmaschinerie einspannen ließen. Sie verweigerten den Dienst, leisteten im Verborgenen Widerstand und retteten Menschenleben. Auch diese Möglichkeit bestand, gewählt wurde sie nur von wenigen.

Adresse Felderstraße 24, Göttsbach, 3370 Ybbs an der Donau | Anfahrt B 25, über die Göttsbacher Straße zum Friedhof Ybbs. Danach die zweite Abzweigung nach links nehmen. | Öffnungszeiten für die Besichtigung muss ein Formular ausgefüllt werden (Tel. 01/53104231 oder s.hoenigl@ikg-wien.at), den Schlüssel gibt es im Stadtamt Ybbs, Tel. 07412/52612 | Tipp Einige Göttsbacher Bauern bieten Kürbiskernöl zum Verkauf. Preisgekrönt ist das Öl von Leopold Enengl rechts an der Ortsausfahrt (Tel. 0664/3106505).

18 Die Galgenkogelkapelle

Schwarze Engel als nette Geste

»Sprich dein letztes Gebet« lautet ein typischer Satz aus Western- und Actionfilmen, der beim Zuseher wohliges Gruseln erzeugt. Nicht ganz so wohl dürfte denjenigen zumute gewesen sein, die diesen Satz einst am Fuße des Grestner Salcherkogels zu hören bekamen: Sie waren auf dem Weg zum Galgen, der weithin sichtbar oben auf dem Hügel auf sie wartete.

Einst stand am Rand der heutigen Hunnensiedlung das sogenannte Salcherkreuz, bei dem die Todeskandidaten ein letztes Mal um Vergebung für ihre Sünden bitten sollten. Ein Hammerherr ließ es 1739 durch eine kleine Kapelle ersetzen. Diese macht einen etwas düsteren Eindruck: Das Deckenfresko der Kapelle zieren finstere, schwarz geflügelte Engel, die Folterwerkzeuge herbeitragen.

Dass wir sie heute überhaupt sehen können, verdanken wir dem Engagement der »Hunnenstraßler«: 1.500 ehrenamtliche Arbeitsstunden leisteten Grundstückseigentümer Karl Schornsteiner und über 20 Freunde und Bekannte, um die Kapelle zu renovieren. Der Vorbesitzer hätte sie zur Garage umgebaut, wäre sein Auto nicht zu breit dafür gewesen. Alle Anrainer beteiligten sich finanziell. Dabei wusste damals niemand von den Engeln an der Decke: Sie kamen erst unter sieben Farbschichten zum Vorschein, die beim Renovieren der Reihe nach entfernt wurden.

Bei den heute so makaber wirkenden schwarzen Folterengeln handelt es sich keineswegs um eine Boshaftigkeit des Künstlers, versichert Karl Schornsteiner: Vielmehr färbte eine chemische Reaktion das Bleiweiß der ursprünglich hellen Flügel dunkel. Auch die makabren Requisiten der Engel waren nicht böse gemeint, eher im Gegenteil: Sie illustrieren die Strophen des schmerzhaften Rosenkranzes, der an die Etappen von Jesus' Hinrichtung erinnert. Er endet mit: »Bewahre uns vor dem Feuer der Hölle und führe alle Seelen in den Himmel, besonders jene, die deiner Barmherzigkeit am meisten bedürfen.«

Adresse Hunnenstraße 14, 3264 Gresten | Anfahrt Nach Gresten über die B 22, dort vom Unteren Markt über die Lindenstraße zur Hunnenstraße fahren. | Tipp Sehr empfehlenswert ist der Besuch des mit kundiger Hand neu gestalteten Grestner Proviant-Eisen-Museums (Unterer Markt 33), das sowohl den jahrhundertelangen Handel von Eisen gegen Proviant erklärt als auch als Heimatmuseum dient (geöffnet Mai–Okt. am 3. So im Monat 13–17 Uhr oder gegen Voranmeldung unter Tel. 07487/2310.)

19 Die Trogerkapelle

Blau, blauer, Trogerblau

Er war der beste Maler seiner Zeit, hatte in Venedig und Neapel studiert und sein Können in Salzburg bewiesen. Den Kampf mit den Wiener Platzhirschen wollte er sich dennoch nicht antun, also wich der Südtiroler Paul Troger nach Niederösterreich aus. Dort gab es in der Barockzeit viel zu tun: Klöster wie Melk, Göttweig, Zwettl oder Altenburg wurden gerade um- oder neu gebaut, und all die neuen Stiftskirchen und ihre Kuppeln, all die Festsäle und Bibliotheken brauchten dringend neue Deckenfresken.

Paul Troger unterschied sich von der Konkurrenz durch sein hohes Tempo, seinen expressiven Stil und die intensiven Blautöne seiner Fresken. »Trogerblau« nannte man das im 20. Jahrhundert. Er brachte es zum Rektor der Wiener Akademie der Bildenden Künste, hatte zahlreiche Schüler und beeinflusste spätere Generationen bis Oskar Kokoschka. Aber wo lernen eigentlich die Schüler eines berühmten Freskenmalers die schwierige Technik? »Learning by doing« ist seit jeher die beste Methode. Als Jakob Freiherr von Tepsern im Jahr 1733 auf einem Hügel nahe Herzogenburg eine Kapelle errichten ließ, nachdem in der Nähe eine Marienstatue gefunden worden war, wurde diese zu einem solchen Lernobjekt. Der mit der Freskierung beauftragte Troger rückte mit einer Schar von Schülern an: Die Kuppel bemalte der Meister selbst mit einer blau strahlenden Darstellung von Marias Himmelfahrt, doch weiter unten sollten sich die Schüler an der Kunst des Trompe-l'Œil versuchen. Gelungen ist ihnen das überhaupt nicht schlecht, die Kapelle ist der Höhepunkt eines Besuchs auf Schloss Gutenbrunn-Heiligenkreuz. Dieses wurde rund um die Kapelle gebaut und beherbergte bis vor wenigen Jahren die niederösterreichische Barockgalerie. Heute verirren sich nur wenige Touristen in das Schloss etwas abseits der Pfade, das auch wegen der Stuckarbeiten im Stiegenhaus und der Kirche von Franz Anton Maulbertsch einen Ausflug wert ist.

Adresse Schloss Heiligenkreuz-Gutenbrunn, 3454 Gutenbrunn | **Anfahrt** Das Schloss liegt an der Kleinen Niederösterreichischen Barockstraße von Herzogenburg nach Sitzenberg, auch über die B 1 (Langmannersdorf) gut erreichbar. | **Öffnungszeiten** Besichtigung bei Voranmeldung unter Tel. 02782/84097 möglich | **Tipp** Auch expressiv, aber völlig anders präsentiert sich der Innenraum der nahen Weißenkirchner Pfarrkirche: Er wurde vom 1941 geborenen Künstler Helmut Lutz mit modern interpretierten Szenen der Apokalypse des Johannes gestaltet (Kirchenweg 4, 3142 Weißenkirchen an der Perschling).

20 Das Parteitagszimmer

Dem Genius Loci auf der Spur

Die kleine Stadt war zwar von den Angriffen in Mitleidenschaft gezogen, zerstört haben sie aber ihre Verteidiger: SS-Einheiten setzten Hainfeld mit Flammenwerfern in Brand, ehe sie vor der heranrückenden Sowjetarmee in Richtung amerikanische Kriegsgefangenschaft flohen. Was aber soll man in einem Heimatmuseum herzeigen, wenn alles verbrannt ist? Historikerin Margarete Kowall lud die Hainfelderinnen und Hainfelder zum Mitmachen ein. In den Vitrinen stehen jetzt handgefertigte Puppen in historischen Kostümen, darunter baumeln Kopfhörer, durch die Einheimische die Geschichte der traditionsreichen Stadt erzählen.

Bekannt ist diese vor allem als Schauplatz des Gründungsparteitags der Sozialdemokratischen Arbeiterpartei Österreichs. Doch auch das Gasthaus, in dem sich 110 Arbeitervertreter aus allen Kronländern Cisleithaniens vom 30. Dezember 1888 bis zum 1. Jänner 1889 auf ein gemeinsames Programm einigten, steht längst nicht mehr.

Die findige Museumsleiterin fand auch dafür eine Lösung und stellte ein »Parteitagszimmer« zusammen, in dem Interessierte sowohl Auszüge aus dem Protokoll der historischen Sitzung nachlesen und -hören als auch anhand historischer Objekte und Plakate in die Atmosphäre der Frühzeit der Arbeiterbewegung eintauchen können.

Warum ausgerechnet Hainfeld als Tagungsort gewählt wurde? Es war weit genug vom Schuss, hatte aber hervorragende Zugverbindungen in die ganze Monarchie. Nicht zuletzt war Bezirkshauptmann Graf Auersperg von liberaler Gesinnung, wie seine Aussage belegt, er könne »der hiesigen merkwürdig intelligente(n) Arbeiterschaft […] fast ausnahmslos nur günstiges Zeugnis geben«. Arbeiterführer Victor Adler wiederum lobte die »aristokratisch zuvorkommende Art« des Bezirkshauptmanns. Womöglich wurde in Hainfeld ja nicht nur die Sozialdemokratische Partei gegründet, sondern auch der Grundstein für die spätere Sozialpartnerschaft gelegt.

Adresse Wiener Straße 16, 3170 Hainfeld | **Anfahrt** Das Museum liegt direkt an der B 18 (gut erreichbar über die Wienerwald-Autobahn A 21). | **Öffnungszeiten** Sa 13 – 17 Uhr | **Tipp** Nebenan ist das Museum historischer Bierkrüge. Im Rathaus erhalten Sie einen Plan der lohnenden »Kulturmeile Hainfeld«. Besonders schön ist der Weg zum Schillergedenkstein: Er wurde als Allee angelegt, die zwar vom Wald geschluckt wurde, aber noch immer erkennbar ist.

21 Der Doppel-T-Hof

Kein Veränderungsbedarf seit 400 Jahren

»Veränderungen der alten Bauweise sind nur dann erlaubt, wenn sie eine Verbesserung bedeuten, sonst aber bleibe beim Alten«, schrieb Adolf Loos im Jahr 1913. So ähnlich wie der berühmte Architekt und Wegbereiter der Moderne sahen das auch Anna und Michael Hofmarcher, als das Dach ihres Bauernhofes vom Hagel schwer beschädigt worden war. In den 1970er Jahren hatte Annas Vater das Dach noch selbst mit Roggenstroh neu eingedeckt, so wie das alle Eigentümer des Ekamp-Hofes seit dem Jahr 1614 gehalten hatten, als der seit dem 13. Jahrhundert bestehende Hof neu gebaut wurde.

Doch Anna, die mit ihren drei Geschwistern auf Ekamp aufgewachsen war, stand vor einem Problem: Sie fand niemanden mehr, der diese Technik beherrschte. Das Bundesdenkmalamt kam zu Hilfe und empfahl die Neueindeckung mit Schilfstroh, wie sie im Burgenland noch praktiziert wird. Optisch fällt der Unterschied gering aus, und haltbarer als Roggenstroh ist das Schilf auch.

Seit 2005 ist der Ekamp-Hof nun als letzter seiner Art denkmalgeschützt. Es handelt sich um einen strohgedeckten Doppel-T-Hof, eine Bauweise, die einmal am Oberlauf der Ybbs üblich war. Der baufällige Stall musste damals im Zuge der Sanierung abgetragen werden, er wurde mit den Originalsteinen neu aufgebaut und dient heute als Buschenschank. Der Stadel, der das Ensemble erst komplett macht, fehlt einstweilen noch: Auch er war einsturzgefährdet und musste abgebaut werden. Die originalen Balken wurden eingelagert und werden beim Neubau wiederverwendet.

Nicht nur, was das Haus betrifft, setzt Familie Hofmarcher auf Kontinuität: Auch der Schafskäse, den man hier ab Hof kaufen kann, die Liköre aus Holler, Dirndl, Schlehe oder Vogelkirsche, der Zwetschken- und der Kriecherlschnaps werden nach Rezepten hergestellt, die sich seit jeher bewährt haben und an denen es daher nichts zu verbessern gibt. Ganz im Sinne von Adolf Loos.

Adresse Haselgraben 8, 3341 Haselgraben | Anfahrt B 22 nach Ybbsitz. Von dort kommend biegt man an der Bushaltestelle an der Adresse Haselgraben 49/38 links in Straße Haselgraben ab und folgt dieser bis zur ersten Abzweigung nach links. Nach etwa 400 Metern erreicht man den Hof. | Tipp Am Proviantweg am Grestnerkogel liegt gegenüber der St. Wolfgangkapelle (Schadneramt 5, 3264) der älteste Hof weit und breit, das »Lehen auff dem Gröstenberg«. Im alten Dörrhäusl werden dort im Herbst wie seit Jahrhunderten Zwetschken, Äpfel und Birnen gedörrt – unbedingt vorbeischauen, wenn man zur passenden Jahreszeit in der Gegend ist!

22 Der Kalkbrennofen

Ein Blick nicht hinter, sondern in die Fassade

Backsteingebäude gelten als typisch nordeuropäisch, bei Häusern aus Naturstein denkt man eher an den Süden. Kratzt man ein wenig an der Fassade eines durchschnittlichen österreichischen Hauses, findet man beides auch hierzulande. Denn natürlich hat man auch in Österreich die Häuser jahrhundertelang aus den Steinen erbaut, die eben da waren, ehe man ab dem 19. Jahrhundert immer öfter auf gebrannte Ziegel zurückgreifen konnte. Doch in Mitteleuropa sind »nackte« Fassaden die seltene Ausnahme. Ob aus Bruchsteinen, Flusskieseln, Ziegeln oder Beton: So gut wie immer verschwindet die Hausmauer hinter einer schützenden Schicht aus Putz, die regelmäßig erneuert wird.

Man kann daher mit großer Wahrscheinlichkeit davon ausgehen, dass es während der glanzvollen Ringstraßenzeit in ganz Österreich erbärmlich gestunken haben muss. Durch den Bauboom jener Epoche mussten plötzlich Zigtausende Quadratmeter Fassadenoberfläche verputzt werden. Dafür brauchte es Kalk, und zwar in rauen Mengen. Zu dessen Herstellung muss man Calcit-Marmor auf eine Temperatur von an die 1.000 Grad bringen, wobei dichter schwarzer Rauch und bestialischer Schwefelgestank frei werden. Auch im Dunkelsteinerwald, wo es viele Marmorsteinbrüche gab, rauchten und stanken einst zahlreiche Kalköfen. Als in der Zeit nach dem Zweiten Weltkrieg der Kalk aus dem Lagerhaus billiger kam, wurden sie aufgegeben. Als letzter war noch 1954 ein Kalkofen bei Heitzing in Betrieb.

Genau 50 Jahre später beschloss die Gemeinde, den letzten Zeugen des stinkenden Baubooms zu restaurieren. Der letzte Heitzinger Kalkbrenner war da noch am Leben und konnte sein Wissen in das Sanierungsprojekt einbringen. Plakate und Schautafeln erklären, welches Know-how und welche Schufterei einst notwendig waren, um Kalk herzustellen – doch was tut man nicht alles für eine propere Fassade.

Adresse 3392 Heitzing | Anfahrt Von Gerolding kommend liegt der Kalkofen unmittelbar nach dem Weiler Heitzing, etwa 200 Meter links von der Straße (Parkmöglichkeit vorhanden). | Tipp Gerolding ist für zwei keltische Rätselsteine bekannt: Am Rand der Bruckstraße liegt der sogenannte »Schlangenstein« mit einer eingravierten Schlangenlinie, an der Kirchenmauer lehnt ein Grabstein mit einem stilisierten Kreuz – in beiden Fällen gibt es Vermutungen und Legenden zur Bedeutung der Symbole, aber keine Gewissheit.

23 Die Beschneidung

Sagen wir lieber Silvester dazu

Die moderne Theologie hat es gern abstrakt, und das ist auch besser so. Wie sonst soll man etwa Christi Himmelfahrt erklären, ohne ins Abstruse abzugleiten? Immerhin verhüllt schon in der Apostelgeschichte eine Wolke den Vorgang, bei dem Jesus mit Körper und Seele in den Himmel aufgenommen wurde. Man muss ja nicht alles im Detail verstehen.

Genau das unterscheidet uns von der Scholastik des Mittelalters und der frühen Neuzeit, deren Vertreter es liebten, sich in knifflige Details zu verbeißen und diese im argumentativen Wettstreit zu klären – oder eben nicht. Ein besonders schwieriges Problem: Wenn Jesus mit Körper und Seele in den Himmel aufgenommen wurde, was geschah dann mit der Vorhaut, die ihm wie allen anderen jüdischen Knaben kurz nach der Geburt entfernt worden war? Die konnte ja nicht einfach verrottet sein, wenn die Auferstehung des Fleisches vollständig sein soll.

Der Altphilologe und Theologe Leone Allacci, der es immerhin zum Bibliothekar des Vatikans brachte, vertrat im 17. Jahrhundert die schöne These, dass die heilige Vorhaut wohl allein in den Himmel emporgestiegen sei und sich dort in einen Saturnring verwandelt habe. Anderen Theorien zufolge blieb sie doch auf der Erde zurück. Im Dorf Calcata, etwas nördlich von Rom gelegen, wurde sie bis 1983 bei Prozessionen gezeigt, dann verschwand sie unter ungeklärten Umständen – wie alle übrigen heiligen Vorhäute auch, die anderswo verehrt worden waren.

Fest steht: Die Beschneidung Jesu galt als wichtiges Fest, bis sie 1969 aus dem katholischen Kalender gestrichen wurde. Der Jahresbeginn wurde erst im 17. Jahrhundert auf diesen Tag gelegt – Circumcisionsstil nennen Fachleute die mittlerweile allgemeingültigeEinteilung. Gelegentlich wird das Ereignis auch bildlich dargestellt, wie auf dem im Jahr 1501 vollendeten Aggsbacher Flügelaltar, der in Stift Herzogenburg zu sehen ist.

Adresse Prandtauerring 2, 3130 Herzogenburg, Tel. 02782/83112, www.stift-herzogenburg.at | **Anfahrt** Über S 33 erreichbar, Ausfahrt Herzogenburg Stadt nehmen. | **Öffnungszeiten** Führungen Sa, So, Feiertage um 11, 14 und 15.30 Uhr | **Tipp** Dass das nahe, unter Joseph II. aufgelassene Stift Sankt Andrä schon bessere Zeiten gesehen hat, ist offensichtlich – das romantisch vor sich hin bröckelnde Ensemble mit ungewisser Zukunft lohnt dennoch den Besuch, vor allem die teilweise von Paul Troger gestaltete Stiftskirche.

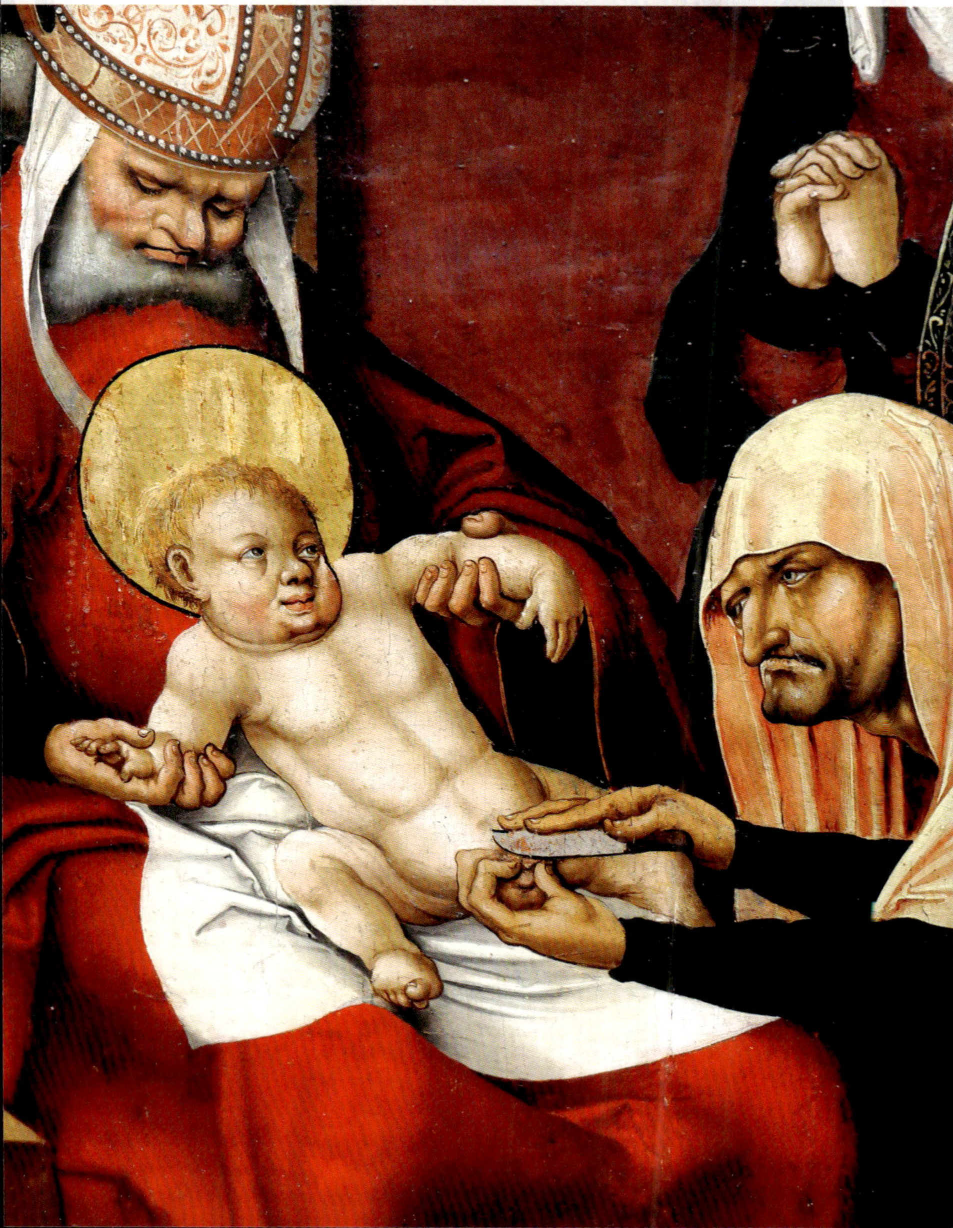

24 Die stille Heldin

Kennen Sie Anna Strasser?

»Wer wissen wollte, hat gewusst, und wer helfen wollte, konnte helfen«, schreibt der Historiker Gerhard Zeillinger. Der Satz ist auf einer Tafel am Anna-Strasser-Platz in Herzograd bei St. Valentin zu lesen. Anna Strasser? Außerhalb von St. Valentin und Umgebung kennen nur wenige diesen Namen. Sie war eine von – hoffentlich – vielen stillen Heldinnen zur Zeit des Nationalsozialismus: Als Mitarbeiterin der Lagerhausgemeinschaft Mauthausen versorgte die junge Frau Häftlinge des KZ mit Lebensmitteln, an ihrem späteren Arbeitsplatz im Nibelungenwerk St. Valentin half sie Zwangsarbeiterinnen. Sie zahlte einen hohen Preis für ihren Mut: Im Herbst 1944 wurde sie von der Gestapo verhaftet, nur knapp entging sie der Deportation nach Ravensbrück. Sie überlebte.

Es dauerte Jahrzehnte, bis man sich an die mutige Frau erinnerte. 1999 wurde sie Ehrenbürgerin von St. Valentin, 2010 benannte man einen Platz unmittelbar neben dem ehemaligen Nibelungenwerk in Herzograd nach ihr.

Der kleine Platz wirkt auf den ersten Blick etwas übervoll mit Mahnmalen, doch jedes davon hat seine Berechtigung: »Menschenwürde« steht auf einer schrägen Stele, die den Satz »Alle Menschen sind frei und gleich an Würde und Rechten geboren« zitiert. Darunter stehen die Namen von Menschen aus der Umgebung, die als »unwertes Leben« in Hartheim ermordet wurden. Schülerinnen und Schüler verfassten berührende Texte zum Thema Menschlichkeit, die von Anna Strassers Mut inspiriert sind.

Ein weiteres Mahnmal ruft die Geschichte des Ortes in Erinnerung: Die Nibelungenwerke waren das wichtigste Panzerwerk Hitlerdeutschlands. Hunderte Zwangsarbeiter wurden bei seiner Errichtung ausgebeutet, dazu kamen über 1.500 Häftlinge des KZ Mauthausen. Das Werk, dessen Eingangsgebäude aus der NS-Zeit heute noch stehen, wurde nach dem Krieg von der Steyr-Daimler-Puch AG übernommen, heute gehört es dem MAGNA-Konzern.

Adresse Anna-Strasser-Platz in Herzograd bei 4300 St. Valentin | Anfahrt Über die A 1 erreichbar. Der Platz liegt unmittelbar beim Bahnhof Herzograd hinter einem großen Firmenparkplatz. Ein Wegweiser zeigt in der Steyrer Straße (gegenüber von Nummer 75) die Richtung an. | Tipp Die nahe Pfarrkirche St. Valentin zählt mit der Kirche von St. Pantaleon-Erla zu den schönsten Sakralbauten des Enns-Donau-Winkels, bemerkenswert ist das Kreuzrippengewölbe.

25 Das Strandbad

Ein Sommer wie damals

Man kann nicht zweimal in denselben Fluss steigen, sagte der Philosoph Heraklit. Früher wollte man das meist auch gar nicht, da die meisten Flüsse von Abwässern verschmutzte Kloaken von zweifelhafter Wasserqualität waren. Nur ein paar längst nicht mehr genützte Flussbäder zeugten noch vom Chic der längst untergegangenen Epoche vor der Industrialisierung. So auch in Hollenstein, wo man ein Hallenbad gebaut hatte und das alte Flussbad verfallen ließ.

Dann kam das Jahrhunderthochwasser von 1991, das für Hollenstein allgemein, aber auch für den Hollensteiner Jugendclub im Besonderen eine Katastrophe darstellte: Ein Zeltfest, in das man viel investiert hatte, fiel sprichwörtlich ins Wasser, die Zukunft des Vereins war fraglich.

Irgendwer hatte die Idee, das alte Strandbad zu pachten. Und wie es manchmal passiert, wenn zwei hoffnungslose Fälle aufeinandertreffen: Bad und Verein blühten gemeinsam auf. Nach ersten notdürftigen Maßnahmen zur Instandsetzung konnte die Anlage Schritt für Schritt renoviert werden, ihren Charme hat sie dabei nicht verloren. Hölzerne Kabinen, eine gepflegte Liegewiese und ein Buffet, wie es sein soll – mehr brauchte es nicht, um das alte Bad als neuen Lieblingsort zu etablieren.

Mit ein Grund für den Erfolg war das gewandelte Image des Flussbadens: Das gesteigerte Umweltbewusstsein hatte im Lauf der 1980er Jahre überall in Österreich für verbesserte Wasserqualität gesorgt. Auch die Ybbs, die einen denkbar schlechten Ruf hatte, erlangte wieder Trinkwasserqualität.

So planscht man heute bei Hollenstein in kristallklarem Wasser, die Wassertiefe ermöglicht im Gegensatz zu den ebenfalls beliebten Wildbadeplätzen der Gegend richtiges Schwimmen. Man muss sich nur an die eher frische Wassertemperatur gewöhnen. Etwas anderes bleibt einem auch nicht übrig: Das Hallenbad hat nämlich längst dichtgemacht.

Adresse Oisberg 28, 3343 Hollenstein an der Ybbs, Tel. 07484/93049 | Anfahrt Über die B 31 (Ybbstalstraße) erreichbar. | Öffnungszeiten während der Badesaison täglich 8–18 Uhr | Tipp Die Orgel in der Kirche zur heiligen Kunigunde im nahen Opponitz stammt aus dem Jahr 1610 und gilt als die älteste noch spielbare Orgel Niederösterreichs.

26 Die Insel Wörth

Die letzte Insel des Strudengaus

Wer Lotse sein wollte, durfte nicht schwimmen können: Zu groß wäre die Versuchung gewesen, durch einen Sprung ins gefährliche Nass wenigstens das eigene Leben zu retten, anstatt bis zum bitteren Ende für das Wohl des anvertrauten Schiffs zu kämpfen.

Inmitten eines der landschaftlich schönsten Abschnitte der Donau lauerte Joseph von Eichendorff zufolge nämlich das »Auge des Todes«. Dies war kein Seeungeheuer, sondern einer von unzähligen Strudeln, die durch Felsen und Inseln im Strom erzeugt wurden. Viele Jahrhunderte lang machten sie die Passage lebensgefährlich. Wie viele der Lotsen, die meist in Ardagger angeheuert wurden, bei ihrer Arbeit ums Leben kamen, wissen wir heute nicht; stets zählte man nur die Prominenten wie Bischof Dracholf von Freising, der 926 ertrank. Als selbst Maria Theresia den Strudeln nur mit knapper Not entrann, ließ sie die gefährlichste Donauinsel, den Haussteinfelsen, sprengen. Ihr Urenkel Franz Joseph, der samt seiner Braut Sisi beinahe untergegangen wäre, ließ weitere Felsen in die Luft jagen. So richtig entschärft wurde der Strudengau aber erst durch die Staumauer des Kraftwerks Ybbs-Persenbeug in den 1950er Jahren.

Nur noch eine Insel ragt heute aus den um fünf Meter angestiegenen Fluten der Donau: Wörth, einst Standort einer Ritterburg und eines Bauernhofes. Ein Kreuz erinnert oberhalb der Burgruine an eine traurige Geschichte mit Happy End: Als ein adeliges Paar aus Tirol im 16. Jahrhundert Schiffbruch erlitten hatte, zog sich der Graf aus Trauer um seine verunglückte Frau als Eremit auf die Insel zurück. Die Gräfin hatte jedoch überlebt und betrauerte ihrerseits den vermeintlich ertrunkenen Gemahl. Erst zwölf Jahre später erfuhr sie von dem Eremiten und reiste sofort nach Wörth, wo sie ihren Mann wiederfand. Als Erinnerung ließen die beiden das Kreuz auf der Insel errichten. Diese ist heute ein Naturschutzgebiet, kann aber bei geführten Touren besucht werden.

Adresse 3323 Hößgang | Anfahrt Von Neustadtl in Richtung Norden über die Straßen Schauberg und Nabegg nach Hößgang, den genauen Treffpunkt erfährt man beim Buchen einer Führung. | Öffnungszeiten Informationen zu Führungen im Gemeindeamt Neustadtl unter Tel. 07471/2240 | Tipp Eine willkommene Abkühlung nach der Tour bieten die Badeteiche Hößgang gleich gegenüber der Insel (Hößgang 65, 3323 Hößgang).

27 Die Winterhütte

Holzknechtland ist abgebrannt

Wer den Gogg vergessen hatte, musste »Rad fahren«: Man steckte dem schlafenden Übeltäter Zeitungspapier zwischen die Zehen und zündete es an – das panische Strampeln des unsanft Geweckten erinnerte an einen Radrennfahrer im Zielsprint. Die symbolische Strafe diente als Mahnung: Der Gogg ist eine hölzerne Halterung für die Sterzpfanne, die man in ein Loch im ebenfalls hölzernen Herdrand steckte. Zog man ihn vor dem Schlafengehen nicht heraus, konnte er Feuer fangen, und es war um die Hütte geschehen.

Und so kommt es, dass man heute kaum originale Holzknechthütten vorfindet: Irgendwer vergaß immer wieder den wichtigen Handgriff. »Lufthütten« hießen sie aber nicht deswegen, weil sie sich einmal in Rauch auflösen würden, sondern weil sie den Holzknechten nur für die Dauer ihres Einsatzes gehörten. Diese waren Gastarbeiter, die nach getaner Arbeit weiterzogen. Dort, wo es Arbeit für mehrere Saisonen gab, entstanden auch solidere Holzknechtdörfer. Das war im waldreichsten Bezirk Österreichs, in Lilienfeld, der Fall: Im Wiesenbach genannten Tal, das zwischen St. Veit und Traisen vom Gölsental abzweigt und bis zur Reisalpe reicht, lag Engeltal. So hieß im 18. Jahrhundert ein blühendes Holzknechtdorf, von dem heute nur zwei Häuser übrig sind: die ehemalige Schule, die später ein Wirtshaus wurde, und das Forsthaus. Vom restlichen Dorf sind nur noch einzelne Fundamentreste zu erkennen.

Eine letzte Winterhütte steht ein gutes Stück weiter oben im Wald, bis in die 1970er Jahre war sie von einem alleinstehenden Holzknecht bewohnt. Revierförster Johann Schweiger hat sie als Museum erhalten und dafür eine reichhaltige Sammlung von Werkzeugen und Alltagsgegenständen der Holzknechte zusammengetragen – die man nur hier am originalen Schauplatz sehen kann. Natürlich steckt der Gogg am Rand der Feuerstelle, die man jederzeit in Betrieb nehmen könnte. Das letzte Mal ist die Hütte 1948 abgebrannt.

Adresse Dürntal, 3192 Innerfahrafeld | Anfahrt Das Holzknechtmuseum ist etwa 300 Meter vom markierten Parkplatz der Reisalpe (am Ende der Straße Dürntal) entfernt – dort nimmt man allerdings nicht den gelb-weiß markierten Weg zur Hütte (Gehzeit bis zur Reisalpe noch etwa eine Stunde 30), sondern den nach links in Richtung Gescheidboden führenden Weg. | Öffnungszeiten Besichtigung nach Voranmeldung bei Johann Schweiger unter Tel. 0664/5268504 | Tipp Ein beliebtes Wirtshaus mit schönem Gastgarten am Ende des Wiesenbachs ist der Hasenwirt (Wiesenbach 57, 3161 St. Veit an der Gölsen, Mo, Di Ruhetag, Tel. 02763/25455).

28 Die Seccomalereien

Hommage im Pfarrhof

»Holzknecht«, das klingt etwas abwertend. Doch weit gefehlt: Wenn Holzknechte auch einer anstrengenden und gefährlichen Arbeit nachgingen, so waren sie doch gefragte Schlüsselarbeitskräfte, die man nicht nur von weit her ins Land holte, sondern auch entsprechend bezahlte. Als im 18. Jahrhundert große Schwemmkompanien zur Brennholzversorgung der Hauptstadt überall im Land aktiv wurden, warben auch die Lilienfelder Mönche Holzknechte aus Salzburg, Oberösterreich und der Steiermark an.

Diese veränderten das Gebiet nachhaltig: Erstreckten sich um den Gipfel des Ötscher einst ausgedehnte Urwälder, so stand nach Abzug der Holzknechte so gut wie kein Baum mehr im Ötscherland. Wie es damals ausgesehen haben dürfte, ist im Pfarrhof von Josefsberg zu sehen: Ein künstlerisch begabter Pfarrer namens Chrysostomos Sandweger schuf dort um das Jahr 1830 Seccomalereien an den Wänden des Speisesaals, die Arbeit und Leben der Holzknechte im Jahreskreis zeigen – und die kahl geschlagenen Berge im Hintergrund dazu.

Sandwegers Malerei ist nicht nur gekonnt ausgeführt, sondern zeugt auch von Fachwissen, was die vielfältige Arbeit der Holzknechte angeht: Die sogenannten »Passen«, Teams von zehn bis zwölf Arbeitern, fällten die oft riesigen Urwaldbäume mit Zugsägen, schnitten die Stämme zurecht, entasteten und entrindeten sie, ehe sie sie zu großen Stapeln »aufzainten«. Über »Riesen« genannte Holzrutschen brachte man die Stämme ins Tal. Auf dem Weg nach Wien nützte man Wasserwege, die aber erst durch die Anlage von Holztriftanlagen nutzbar gemacht werden mussten.

Es lohnt sich, die detailreichen Bilder genau zu studieren. So bekommt man nicht nur einen Einblick in die Arbeitsweise der Holzknechte, sondern erfährt auch Details über sie selbst: Aus der von einem dargestellten Holzknecht ausgeübten Methode des Singvogelfangs etwa kann man schließen, dass er aus dem Ausseerland kommt.

Adresse Josefsberg 17, 3224 Josefsrotte | **Anfahrt** Über die B 20 (Mariazeller Straße) erreichbar. | **Öffnungszeiten** Anmeldung zur Besichtigung unter Tel. 02728/231 oder 0660/8051025 (Karin Dirngruber) | **Tipp** Noch mehr über das Leben der Holzfäller erfährt man im Holzknechtmuseum in der einsam im Naturpark Ötscher-Tormäuer gelegenen alten Volksschule (Trübenbach 5, 3223 Wienerbruck, Tel. 02728/392 (Maria Schweiger)).

29 Die Maurermeisterluck'n

Wenn der Maurer freihat

Angeblich essen Fischer lieber Fleisch, wenn keiner hinschaut, und womöglich tropft bei so manchem Installateur der Wasserhahn in der Küche. Wer kann es also einem hart arbeitenden Maurer verdenken, wenn er zur Verbesserung seiner Work-Life-Balance zu Hause keine Ziegel sehen möchte?

Vielleicht herrschte aber auch gerade Wohnungsnot in Kendl, das seinen Namen einem Mühlbach verdankt, der vor Jahrhunderten als schnurgerader Kanal in den Melker Sandstein geschnitten wurde. Christoph Zrenner hieß der im Jahr 1854 verstorbene letzte offizielle Bewohner der Höhlen, die sich in einer Felswand über dem Kendler Kanal befinden. Sein Beruf: Maurer. Das Leben als Troglodyt, wie man Höhlenbewohner wissenschaftlich nennt, scheint ihm nicht schlecht bekommen zu haben: Zrenner erreichte ein für seine Epoche hohes Alter von 79 Jahren, ehe er am Schlagfluss verstarb. Der Maurer dürfte die größte der drei Höhlen, die über eine in den Fels gehauene Stiege erreichbar sind, selbst für seine Bedürfnisse adaptiert haben.

Wer die ersten Menschen waren, die die Höhlen in den Stein schlugen, und zu welchem Zweck sie das machten, weiß heute niemand mehr. Die unterste Höhle direkt am Bach war einst über eine Brücke zu erreichen und diente als Keller. In den oberen Höhlen brachten sich die Menschen der Umgebung während der Franzosenkriege vor marodierenden Soldaten in Sicherheit. Angeblich besteht ein geheimer Verbindungsgang bis zu den Dollbacher Höhlen – ein dort verschwundener Hahn soll später in der Maurermeisterluck'n wieder ans Tageslicht gekommen sein. Andere Sagen berichten von verschwundenen, unterirdisch verbundenen Burgen, doch Genaues ist nicht darüber bekannt. Die Wanderer und Passanten, die zu unserer Zeit ihre kleinen Kunstwerke in den weichen Melker Sandstein kratzen, schreiben sich damit in eine Geschichte ein, die in grauer, unbestimmter Vorzeit begann.

Adresse 3252 Kendl | **Anfahrt** A 1 Ausfahrt Pöchlarn oder Ybbs, B 1 bis Plaika, weiter nach Kendl. Man erreicht die Maurermeisterluck'n über einen Spazierweg, der beim Dorfhaus beginnt und vorbei an einer großen Fotovoltaikanlage führt (circa 300 Meter). | **Tipp** Einst gab es in Kendl, jahrhundertelang der einzig mögliche Erlaufübergang weit und breit, drei Wirtshäuser, keines davon ist noch in Betrieb. Eines von ihnen befand sich an der Stelle des heutigen Dorfhauses, wo es immerhin eine ganzjährige benutzbare Asphaltstockbahn gibt.

30 Die Bergstrecke

Der letzte Rest der Ybbstalbahn

Als die osmanische Provinz Bosnien im Jahr 1878 unter österreichisch-ungarische Verwaltung gestellt wurde, verzögerte sich die Übernahme aus zwei Gründen: Zum einen stießen die Österreicher auf unerwarteten militärischen Widerstand, zum anderen kamen die kaiserlichen Truppen wegen der schlechten Straßen kaum vom Fleck. Rasch baute man Eisenbahnlinien, um die Soldaten schneller ins Landesinnere zu bringen. So entstand die spätere kaiserlich-königliche Bosnabahn.

»Bosnische Spurweite« nannte man in der Folge überall in Österreich-Ungarn einen Abstand von 760 Millimetern zwischen den Gleisen. Ein Netz solcher Schmalspurbahnen erschloss weite Gebiete der Monarchie – auch das Ybbstal zwischen Waidhofen an der Ybbs und Scheibbs, wo der Börsenkrach von 1873 die Errichtung einer normalspurigen Eisenbahn vereitelt hatte. 1895 wurde in Waidhofen mit dem Bau begonnen, 1899 war das letzte und schwierigste Teilstück vollendet: die von Lunz über eine gebirgige Passage nach Kienberg-Gaming führende »Bergstrecke«. Die Bahn ließ die Eisen- und Stahlindustrie aufblühen und versetzte gleichzeitig der Holzflößerei den Todesstoß. Gut 100 Jahre später schlug dann ihre letzte Stunde: 2008 wurden erste Pläne bekannt, den Personenverkehr auf Busse zu verlagern. Fünf Jahre später wurden trotz heftigem Widerstand vieler Einheimischer die einst mit viel Einsatz erkämpften Gleise wieder aus dem Ybbstal gerissen.

Die Bergstrecke war schon 1988 aus wirtschaftlichen Gründen eingestellt worden, doch engagierte Bahnliebhaber verhinderten die Abtragung der Gleise. Seither wird die steilste Schmalspurstrecke Österreichs als Museumsbahn geführt. Von den liebevoll in Schuss gehaltenen Holzklasse-Waggons aus kann man die kühne Streckenführung und die in Europa seltenen Trestle-Brücken, für die die Strecke berühmt ist, in aller Ruhe bewundern: Die Höchstgeschwindigkeit von 25 km/h lässt keinen Stress aufkommen.

Adresse Bahnhof Kienberg, 3291 Kienberg bei Gaming, Informationen zu Fahrplan, Reservierung usw. unter www.lokalbahnen.at/bergstrecke | Anfahrt Über die B 25 (A-1 Ausfahrt Wieselburg) erreichbar. | Tipp Die Mariazellerbahn wurde nicht eingestellt, sondern modernisiert. Im Heizhaus in Obergrafendorf können jeden Samstag von Mai bis Oktober alte Dampfloks besichtigt werden (Eisenbahnclub Mh.6, Heizhaus, Werkstättenstraße 18, 3200 Ober-Grafendorf, mehr Informationen unter www.mh6.at).

31 Die heilige Kümmernis

Schlechtes Timing

Kein Problem und kein Wehwehchen ohne dafür zuständigen Heiligen: Die katholische Kirche hält für alle Lebenslagen einen Fürsprecher oder eine Fürsprecherin bereit, was manchmal skurril wirken kann, aber seinen Sinn hat: Schließlich ist auch die Wirksamkeit von Placebos nachgewiesen, und wo es keine Heilung gibt, lindert zumindest der Trost das Leid ein wenig.

In ihrer Weisheit, man könnte auch Schläue dazu sagen, verstand es die Kirche dabei immer wieder, populäre Mythen in ihre Traditionen zu integrieren. Wenn die erzählten Begebenheiten oder handelnden Personen nicht gesichert waren, nahm man das nicht weiter tragisch: Das war bei vielen längst offiziellen Heiligen schließlich genauso.

Auch bei der heiligen Wilgefortis oder Kümmernis war man sich unsicher. Der Legende nach handelte es sich um die heimlich zur Christin gewordene Tochter eines Barbarenhäuptlings. In höchster Not flehte sie zu Jesus, sie vor ihrer bevorstehenden Zwangsverheiratung zu bewahren. Ihre Bitten wurden erhört: Über Nacht wuchs ihr ein Vollbart, der Bräutigam suchte das Weite. Der Vater jedoch ließ Wilgefortis zur Strafe kreuzigen. Wenig später spielte ein Straßenmusikant vor der Toten eine Melodie auf der Geige, woraufhin sie ihm einen ihrer goldenen Schuhe vom Kreuz herabwarf. Des Diebstahls angeklagt, musste er seine Geschichte beweisen – und bekam auch den zweiten Schuh.

Im 16. Jahrhundert wurde Wilgefortis ins Martyrologium Romanum aufgenommen, im 19. Jahrhundert jedoch wieder daraus gestrichen, da es sich um eine Erfindung handle. So steht die Kirche nun im Zuge der immer dringlicher werdenden Debatte um sexuellen Missbrauch ohne entsprechende Schutzheilige da – selbst schuld, kann man da nur sagen. Doch wieder einmal schafft die Tradition Abhilfe: Die eine oder andere Darstellung der heiligen Kümmernis blieb erhalten, etwa auf einem Bildstock bei Kienberg.

Adresse 3291 Kienberg bei Gaming | Anfahrt Das Kümmernis-Marterl befindet sich unmittelbar bei der Einmündung der Alten Straße in die B 25 (Erlauftalstraße) in Kienberg bei Gaming. | Tipp In der Erlauftalstraße 51–53 kann der Grabner Hammer, der letzte der vielen »Hämmer« Gamings, besichtigt werden (Voranmeldung unter Tel. 07485/973080).

32 Der Kräutergarten

Die Apotheke am Wegrand

War man einmal bei Martina Fischl zu Besuch, ist es kaum mehr möglich, einfach so über eine Wiese zu spazieren. Ständig hat man das Gefühl, auf wertvollen Lebens- und Heilmitteln herumzutrampeln, etwa auf dem Wiesensalbei, der überall wächst, auf Spitz- und Breitwegereich, Berufskraut und Schafgarbe – jedes Blatt, jeder Halm und jede Blüte ist plötzlich wertvoll, man weiß nicht mehr, wohin mit den Füßen.

So gesehen ist es von Vorteil, dass eine solche Wiese wie die von Martina Fischl am Rand von Kirchberg an der Pielach heute gar nicht mehr so leicht zu finden ist. Denn diese Wiese ist nicht grün, wie wir das mittlerweile gewöhnt sind, sondern bunt: So sahen Wiesen aus, ehe sie regelmäßig gedüngt wurden. Durch die allgegenwärtige Düngung mit Kuhmist gingen unzählige heimische Pflanzen verloren, die einen kargeren Boden brauchen und sich gegen die nun viel schneller wachsenden Gräser nicht mehr durchsetzen können.

Die ausgebildete Kräuterpädagogin weiß über fast alles, was auf ihrer seit ein paar Jahren ungedüngten Wiese nun wieder wächst, eine Geschichte zu erzählen oder kennt zumindest ein Koch- oder Salbenrezept dafür. Ihr Wissen gibt sie in Workshops für Erwachsene und Kinder weiter, ob es nun ums Seifensieden geht, um die Herstellung ätherischer Öle oder um Kochkurse nach dem Motto »Von der Wiese in den Topf«. Die essbaren Blüten, die sie an Restaurants im Pielachtal liefert, sind keine bloße Dekoration: Die Nachtkerze hat tatsächlich ein an Erbsen erinnerndes Aroma – und lässt sich gut mit Frischkäse füllen, während das Öl, das man aus ihren Samen gewinnen kann, gegen Neurodermitis hilft.

Die Erkenntnis, welche Unmengen an wertvollen Pflanzen man schon als vermeintliches Unkraut ausgerissen, weggemäht oder gar nicht erst hat aufkommen lassen, kann einen bereits nach einem kurzen Kräuterspaziergang ins Grübeln bringen – womöglich ist ja bereits das heilsam.

Adresse Melker Straße 49, 3204 Kirchberg an der Pielach | Anfahrt Der Kräutergarten liegt direkt an der B 39, aus Fahrtrichtung St. Pölten kurz nach dem Ort Kirchberg an der linken Straßenseite. | Öffnungszeiten Besichtigung nach Vereinbarung möglich, Tel. 0664/1262973 | Tipp Nomen est omen: In Kirchberg steht die Kirche wirklich auf einem Berg. Dieser wurde durch eine Aussichtsplattform erweitert, auf der man die Schönheit des Pielachtals von oben genießen kann.

33 Die Köhlerei

Mit dem Feuer spielt man nicht

Den Heiligen Abend kann er erst genießen, wenn die Kerzen ausgelöscht sind. Auch sonst scheut Johann Hochecker das Feuer wie der Teufel das Weihwasser. Kein Wunder: Er ist Köhler. Und wenn sein Meiler einmal brennt, ist die Arbeit vieler Wochen dahin.

In einem Kohlemeiler herrscht zwar große Hitze, aber auch Sauerstoffmangel. Trockene Destillation oder Pyrolyse nennt man den Prozess, der dabei abläuft: Das Holz glüht, brennt aber nicht. Von außen sehen die rauchenden Rundmeiler der Familie Hochecker wie kleine schwarze Vulkane aus. Unter einer Schicht aus Erde, Sand und Asche, die für den Sauerstoffabschluss sorgt, befindet sich jedoch ein kunstvoll angelegter Holzstapel: exakt einen Meter lange Scheite, senkrecht aneinandergeschichtet, in drei sich nach oben verjüngenden Etagen, deren unterste einen Durchmesser von neun Metern hat. In der Mitte steckt ein Eisenrohr, durch das Glut in den Meiler geschüttet wird, um die Pyrolyse in Gang zu setzen. Drei Wochen raucht es, bis die Glut von oben nach unten gewandert und die Kohle fertig ist. Sowohl in den ersten drei Nächten als auch ganz zum Schluss, wenn der Meiler abgebaut wird, musste einst stündlich ein Kontrollgang gemacht werden, um nur ja keine Flamme zu übersehen. Heute erledigt das eine Wärmebildkamera. Abgesehen davon hat sich an der jahrhundertealten Technik nichts geändert.

Dutzende ähnlicher Betriebe gab es einst in den Wäldern der Umgebung, doch einer nach dem anderen hat das Handtuch geworfen. Heute ist die in Michelbach in zweiter Generation geführte Köhlerei die letzte im Mostviertel. Ans Aufhören denkt die Familie aber nicht: Neben langjährigen Stammkunden hat auch die Spitzengastronomie die garantiert tropenholzfreie, hochwertige Kohle mit dem kurzen Transportweg für sich entdeckt. Die Köhlerei ist mittlerweile von der UNESCO als immaterielles Kulturerbe Österreichs anerkannt.

Adresse Kleindurlas 13, 3074 Kleindurlas, Tel. 0664/9336782, www.holzkohle.at | **Anfahrt** A 1 bis Böheimkirchen, Richtung Hainfeld über Michelbach bis Untergoin, auf die Straße Kleindurlas nach links abbiegen – linker Hand rauchen die Kohlenvulkane. | **Öffnungszeiten** April–Nov., Besichtigung nach Vereinbarung möglich | **Tipp** Elsbeerprodukte zu kosten und kaufen sowie eine sehenswerte Sammlung alter Traktoren und landwirtschaftlicher Geräte zu bestaunen gibt es ganz in der Nähe bei Familie Pieringer (Kleindurlas 14, 3074 Michelbach, www.pieringer.at).

34 Die Doppelmadonna

Die Kleinen vor!

Ob beim Popkonzert oder beim Sightseeing: Wer nicht zu den Großen und Starken zählt, die sich immer und überall in die erste Reihe drängen, ist nach dem Besuch oft frustriert. Dabei gibt es durchaus originelle Lösungen für das Problem: Wer etwa in Mexiko zur Jungfrau von Guadalupe beten möchte, wird auf einem Rollband, wie man es von Flughäfen kennt, langsam an ihr vorbeigezogen – so ist jeder der unzähligen Pilger kurz einmal in der ersten Reihe.

Im Jahr 1520 gab es noch keine Rollbänder, aber Marienwallfahrten waren mindestens so populär wie heute. Auch damals herrschte vor Bildern und Statuen der Gottesmutter dichtes Gedränge. Vielleicht zählte der unbekannte Meister, der für die Marienkirche in Kleinhain eine Madonnenstatue schnitzen sollte, ja zu denen, die immer wieder weggedrängt worden waren. Auf jeden Fall hatte er eine Idee, wie man den Kleineren zu ihrem Recht verhelfen könnte: Statt einer Rückseite verpasste er seiner Jungfrau mit Kind einfach eine zweite Vorderseite. Plötzlich war doppelt so viel Platz in der ersten Reihe.

Die einst auf einer Säule im Chorraum platzierte Statue hängt heute inmitten des Gotteshauses, das zu Recht »Frauenkirche« genannt wird. Die gewohnte männliche Dreifaltigkeit aus Vater, Sohn und Heiligem Geist wird hier von der alles überstrahlenden Doppelmadonna in den Schatten gestellt. Auf Mondsicheln stehende Madonnen waren im 15. und 16. Jahrhundert ein beliebtes Motiv, das den Marienkult mit der »apokalyptischen Frau« aus der Offenbarung des Johannes kombiniert: Diese gebiert, »mit der Sonne bekleidet« und auf dem Mond balancierend, während des Kampfes zwischen einem siebenköpfigen Drachen und dem Erzengel Michael den künftigen Weltenherrscher. Klingt nach einem gewagten Drahtseilakt und auch ein wenig wirr, aber auf jeden Fall ungleich spannender als die alte Geschichte von der fügsamen Magd des Herrn, die sich alles gefallen lässt.

Adresse Kleinhain 8, 3107 Kleinhain | Anfahrt Kleinhain liegt direkt an der Kremser Ersatzstraße L 100 zwischen St. Pölten und Krems. | Tipp Im benachbarten Zagging steht an der Ecke Römerstraße / Ziegelofen ein kleines hölzernes Kirchlein, das ebenfalls einen kurzen Halt wert ist: Es wurde während des Ersten Weltkriegs von russischen Kriegsgefangenen errichtet.

35 Der Kollmitzberg

Zauberberg an der Donau

Das Mostviertel ist ein Traum aus tausendundeinem Hügel. Doch was auf den ersten Blick wie ein gleichmäßig wogendes, in unzähligen Grüntönen schimmerndes Meer aussieht, setzt sich doch aus höchst unterschiedlichen Einzelteilen von oft sehr eigenwilligem Charakter zusammen. Manche Hügel sind einfach anders als die anderen. Vor allem dann, wenn eine Kirche obendrauf steht, was nicht selten der Fall ist. In der Regel handelt es sich dann um eine schon von Römern, Kelten und deren Vorgängern verehrte Kultstätte.

Beim 469 Meter hohen, direkt an der Donau gelegenen Kollmitzberg dürfte auch strategisches Interesse dazugekommen sein: Bereits die Römer befestigten den Gipfel, der Kirchturm der heutigen Ottilienkirche ist ein ehemaliger antiker Wachturm. Später wurde eine inzwischen verschwundene Wallburg errichtet, im Mittelalter warnten sogenannte »Kreidfeuer« auf dem Gipfel des Kollmitzberges vor Feinden.

Das Ottilien-Heiligtum in der Kirche ist nicht die einzige Pilgerstätte des markanten Bergrückens. Auf einem hoch über dem Donauufer liegenden Grundstück zieht eine 1.000-jährige Eibe mit gewaltigem Stamm Anhänger diverser Baumkulte und Liebhaber von Naturdenkmälern gleichermaßen an.

Auf halbem Weg zwischen Baum und Kirche liegt ein »Hexenstein« genannter Granitblock mitten in der Landschaft. Trittstufen wurden vor Jahrtausenden in den Stein gemeißelt, eine Kuhle an der Oberseite wurde womöglich für kultische Handlungen genützt. Einst bot auch der Hexenstein weite Rundumsicht, doch die aktuellen Grundstücksbesitzer haben rund um den Stein Gebüsch wuchern lassen, um Neugierige fernzuhalten.

Am eindrücklichsten spürt man die Magie des Kollmitzberges ohnehin auf seinem Gipfel, gleich hinter der Kirche, wenn man von der Aussichtsbank weit übers Land stromaufwärts blickt, die Donau am Horizont verschwindet und die Sonne blutrot untergeht.

Adresse 3321 Kollmitzberg | Anfahrt Über die B 119 erreichbar. Die Aussichtsbank befindet sich hinter der Kirche, Kollmitzberg 6. Die Eibe steht auf dem Privatgrundstück Innerzaun 23, die Eigentümer freuen sich über Interesse. Der Hexenstein liegt gegenüber dem Haus Kollmitzberg 61. Eine Steinreihe markiert von der Zufahrtsstraße aus (Parkplatz beim Bildstock) den kurzen Fußweg. | Tipp Einen überwältigenden Ausblick über das gesamte Mostviertel bietet auch der Panoramastein in Neustadtl, den man über die Straße Schauberg (Wegweiser) erreicht.

36 Das Nusseum

Nomen wird omen

Nussbäume gab es zwar schon im Ort. Aber eigentlich nicht mehr als anderswo, und sie sahen weder krummer noch gerader noch sonst irgendwie anders aus als andere Nussbäume in anderen Orten. Aber wenn man schon Krummnußbaum heißt, so die Überlegung einiger für die Dorferneuerung engagierter Bürger, dann sollte man doch etwas daraus machen können.

Man konnte. 2004 wurde ein erstes Nussfest in Krummnußbaum gefeiert, wenig später eine »Nusswerkstatt« gegründet. Deren Stammprodukt war Nussschnaps, doch da dieser mindestens fünf Jahre reifen muss, überlegten sich Herta und Johann Peham, die Masterminds der Nusswerkstatt, zur Überbrückung noch ein paar andere Produkte auf der Basis von Nüssen. Nachhaltigkeit war dabei ein wichtiges Thema, Nusslikör auch. Und wenn man dafür zum Beispiel Orangenschalen braucht, dann wollte man den Rest der Orange auch nicht wegschmeißen. So entstand die Orangen-Nuss-Marmelade, es folgten reihenweise weitere fruchtige und pikante Aufstriche und Chutneys auf Nussbasis, eingelegte schwarze Nüsse oder auch Suchtmittel wie die Nuss-Kakao-Dragees. Man experimentierte mit Barriquereifung für den Nusslikör und fand heraus, was es alles für besondere Nusssorten in der Gegend gibt, etwa die von den Habsburgern aus Südamerika eingeführte »Rote Donaunuss«, die vor allem in Ybbs angebaut wurde.

Und da man all die Nüsse auch knacken muss, beschäftigten sich die Nuss-Expertinnen auch mit den entsprechenden Werkzeugen – und das mit zunehmender Leidenschaft: Über 2.000 Stück hat Johann Peham in den letzten Jahren aus aller Welt zusammengetragen, bald platzte die alte Nusswerkstatt vor all den Köstlichkeiten, Raritäten und Kuriositäten aus allen Nähten. Im Herbst 2020 wurde sie erweitert und als »Nusseum« neu eröffnet. Die Erfindung von Tradition ist eine heikle Angelegenheit, die auch ins Auge gehen kann. In Krummnußbaum geht sie durch den Magen.

Adresse Hauptstraße 48, 3375 Krummnußbaum | Anfahrt Über die A 1, Ausfahrt 90/ Pöchlarn erreichbar. | Öffnungszeiten Führungen gegen Voranmeldung unter Tel. 0676/3510528 | Tipp In Richtung Säusenstein biegt kurz nach Krummnußbaum links eine Straße nach Maria Steinbründl ab (Wegweiser). Es handelt sich um ein sogenanntes Augenbründl in einer in den 1970er Jahren neu gebauten Kapelle. Markierte Spazierwege und Gasthaus vorhanden.

37 Der Ziegenhof

Das einfachste Produkt der Welt, also fast

Den Job hinschmeißen und auf einem alten Bauernhof ein neues Leben beginnen – das würden viele gern. Doch wo fängt man da am besten an? Einfach einmal kündigen? Oder doch lieber mit dem Bauernhof beginnen?

Ist man zufällig Bausachverständiger, hat man es leichter: Da sieht man automatisch die interessantesten Häuser und kann auch gleich beurteilen, ob sich das Renovieren lohnt. So ging es jedenfalls Hans Huber, der Lust auf einen Neubeginn hatte und eines Tages beruflich an einem kleinen Vierkanter bei Kürnberg vorbeikam, mit schöner Aussicht, einer Natursteinmauer in warmen Orange- und Blaugrautönen, sorgfältig gemauerten Ziegelbögen über den Fenstern und etwas Grund, auf dem er seinen Traum von der Wollschweinehaltung würde verwirklichen können. Freilich, ein Eck des Hauses war abgesackt, der Hof abbruchreif – doch der Bausachverständige sah, dass das Problem lösbar war. Mit seiner Frau Judith verwandelte er das alte Haus in das Schmuckstück zurück, das es eigentlich eh schon immer war.

Nur die Sache mit den Wollschweinen funktionierte nicht: Da sie die Erde ständig aufgraben, hätte es den Boden der steilen Hänge rund um den Hof bald weggeschwemmt. Gut, dass Aussteiger flexibel sind: Hans und Judith sattelten auf Ziegen um und lernten, Rohmilchkäse zu machen, »das Einfachste, was es gibt«. Und auch das Bestkontrollierte: Bei Rohmilch sind die zuständigen Behörden in Österreich besonders heikel – wie übrigens auch die Ziegen, deren Ruf als unkomplizierte Allesfresser einigermaßen unverdient ist.

Behandelt man sie richtig, geben die 60 Saanerziegen in Kürnberg täglich zwischen 90 und 180 Liter Rohmilch, die gleich nebenan zu Frisch- und Schnittkäse verarbeitet werden. Beherrscht man die hohe Kunst des Aussteigens so wie die beiden Ziegenkäsemacher, dann sieht auch das neue Leben tatsächlich harmonisch und stimmig aus. Und irgendwie schmeckt man das auch.

Adresse Kürnberg 157, 3352 Kürnberg, Tel. 07252/30049 | Anfahrt Von St. Peter über die Straßen Urltal, Dobratal, Kürnberg und Ramingtal erreichbar. | Öffnungszeiten Betriebsbesuch nach Vereinbarung möglich | Tipp Sollten Ihnen die Saanerziegen zu wenig exotisch sein: Gleich ums Eck grast seit November 2019 eine Herde Wasserbüffel. Mozzarella gibt es zwar keinen, dafür aber Büffelfleisch gegen Vorbestellung (Kürnberg 215, 3352 St. Peter in der Au, www.biobueffel-hoermann.at).

38 Der Enzian

Auf den Spuren des Erstbesteigers aus dem Flachland

Humanisten gab es im 16. Jahrhundert viele in Flandern, einem der wirtschaftlichen und geistigen Zentren Europas jener Zeit. Alpinisten jedoch weniger – dafür fehlten in der bis an den Horizont reichenden flandrischen Ebene seit jeher die Berge, und außerdem dachte damals auch in gebirgigeren Regionen kein Mensch daran, ohne Not irgendwelche Gipfel zu erklimmen.

Dennoch stand mit Charles de l'Écluse, auch als Carolus Clusius bekannt, im 16. Jahrhundert ein Flame als erster Mensch auf dem Gipfel des Ötscher. 1573 hatte Kaiser Maximilian II. den weitgereisten protestantischen Gelehrten aus Arras zu seinem Hofbotaniker gemacht und ihn bei Schloss Neugebäude einen Garten mit Medizinalkräutern anlegen lassen. Clusius brachte die Rosskastanie, die Tulpe und die Kartoffel nach Österreich. Vor allem aber interessierte er sich für die Beschreibung und Systematisierung der noch weitgehend unerforschten Pflanzenwelt des Landes.

Am 22. August 1574 brach er in Begleitung befreundeter Wissenschaftler in Lackenhof zum Gipfel des niederösterreichischen »Vaterberges« auf. Er fand, beschnupperte, pflückte, zerkaute, zeichnete, vermaß, beschrieb und klassifizierte zahlreiche Blumen bei dieser Expedition als erster Wissenschaftler. Bei der Einordnung des Edelweiß machte er einen Fehler, sodass es heute nicht nach ihm benannt ist. Im kollektiven Gedächtnis fest verankert bleibt er hingegen als derjenige, der den emblematischen, stängellosen, eben den Clusius-Enzian als Erster genau beschrieb – und zwar im Zuge seiner Erstbesteigung des Ötscher. Dort entdeckte er noch zahlreiche weitere Pflanzen wie die Clusius-Schafgarbe.

Seit 1999 ist auch ein Asteroid nach Clusius benannt, womöglich als Trost für den Affront, dass die Produzenten billiger Schnäpse gern »seinen« Enzian auf ihre Etiketten drucken – obwohl die aus einer Wurzel gemacht werden, die mit Clusius ansonsten nichts zu tun hat.

Adresse Ausgangspunkt für eine gut dreieinhalbstündige Tour auf den Ötschergipfel in 3295 Lackenhof | **Anfahrt** Über die A 1 bis Ybbs, dann der B 25 (Erlauftalstraße) folgen. Kurz vor Lunz links in Richtung Lackenhof/Mariazell abbiegen. Alpinistisch Versiertere wählen in Lackenhof den Anstieg über den Rauen Kamm, Genusswanderer kürzen den klassischen Weg per Sessellift ab (Weitental 51). Von der Bergstation beim Ötscherschutzhaus erreicht man den Gipfel bequem in einer guten Stunde. | **Tipp** Alles über die Tier- und Pflanzenwelt rund um den Ötscher erfährt man im Naturparkzentrum (Langseitenrotte 140, 3223 Wienerbruck, www.naturpark-oetscher.at).

39 Die Römerbrücke

Wegen Völkerwanderung außer Betrieb

Alle Straßen führen bekanntlich nach Rom, doch diese hier sieht aus wie die sprichwörtliche Ausnahme von der Regel. Viel ist auch nicht mehr übrig von der alten Römerstraße: Ein hauptsächlich von Wanderern genützter Feldweg zwischen ein paar Wiesen und Wäldchen, der aber über eine erstaunlich massiv ausgeführte Bogenbrücke aus Stein führt. Diese stammt aus dem 3. oder 4. Jahrhundert nach Christus.

Sie gibt so manches Rätsel auf, die einsame Brücke im Dunkelsteinerwald, und sie regt zum Nachdenken an. Wenn die Römer eine Brücke so solide bauten, dass sie viele Jahrhunderte später noch tadellos ihren Dienst tut, dann muss sie wohl Teil einer bedeutenden Straße gewesen sein. Wie sah es hier vor 1.700 Jahren aus, als römische Legionen die Militärgrenze am Limes sicherten? Es war Kaiser Valentinian, der die alten, während der Markomannenkriege errichteten Wehranlagen am Donaulimes ausbauen ließ. Da das Donauufer selbst weitgehend unpassierbar war, wurden Stichstraßen zu den einzelnen Kastellen angelegt, die von einer weiter südlich die Donau entlangführenden Limesstraße abzweigten. Einige Trassenreste dieses Straßennetzes und das eine oder andere römische Fundament findet man noch im Dunkelsteinerwald, doch keines der Relikte jener Zeit ist so gut erhalten wie die Lanzinger Brücke. Das könnte auch damit zu tun haben, dass sie nicht allzu intensiv benützt wurde: Gegen Ende des 5. Jahrhunderts räumten die Römer den eben noch massiv verstärkten, doch immer schwerer zu verteidigenden Donaulimes endgültig. Damals zogen wohl zum letzten Mal größere Menschenmassen über die Brücke.

Als sich der Staub wieder legte, den wenig später die Völkerwanderung aufgewirbelt hatte, entstanden neue Straßen zu neuen Zentren. Die alte Brücke lag abseits dieser Wege und war nicht länger Teil einer nach Rom führenden Straße. Dorthin wollte nun nämlich niemand mehr.

Adresse 3382 Lanzing | **Anfahrt** Von Pfaffing kommend, liegt die Römerbrücke kurz vor der Einfahrt nach Lanzing, etwa 500 Meter links von der Straße in einem Waldstück. Der Verbindungsweg V2 der Dunkelsteinerwaldrunde führt über die Brücke. | **Tipp** Der Name des nahen Ortes Mauer bei Melk dürfte auf römische Fundamente zurückgehen, auf denen der »neue« Ort vor 1.000 Jahren errichtet wurde. Berühmt ist er aber für seinen spätgotischen Schnitzaltar (Kirchengasse 5, 3382 Mauer bei Melk).

40 Die Triftanlage

Wasser hatte einmal Balken

Als hier alles den Bach hinunterging, war das ein gutes Zeichen. Während in den Dörfern und Städten der Eisenwurzen die vielen Hämmer für ein Getöse sorgten, das wir uns heute kaum vorstellen können, ging es auch in den Wäldern der Region alles andere als beschaulich zu. Die vielen Schmieden brauchten Unmengen von Kohle, und für deren Herstellung brauchte es Unmengen von Holz. Ein Wald nach dem anderen wurde abgeholzt, der Kahlschlag war die bevorzugte Methode – schließlich war der Aufwand zu groß, um halbe Sachen zu machen. Um die Wasserkraft und das natürliche Gefälle des gebirgigen Gebiets zu nutzen, bauten die Holzknechte hölzerne Rutschbahnen, Riesen genannt, auf denen die gefällten Stämme ins Tal donnerten. Dort fließt in der Regel ein Fluss, der zum Weitertransport genutzt wurde, dazu aber meist aufgestaut und mit großen Rechen versehen werden musste.

Trotz aller Mühe, die sie gemacht hatten, waren die Bauten der Holzknechte temporär: Nach einem Kahlschlag dauerte es Jahrzehnte, bis der Wald wieder nachgewachsen war. Unterdessen wurden neue Gebiete mit neuen Anlagen erschlossen.

Vielleicht haben sie ja besonders ordentlich gearbeitet, die Holzknechte, die einst im Mendlingtal ihrer Arbeit nachgingen. Jedenfalls blieb die dort errichtete Triftanlage so gut erhalten, dass man sich zu ihrer Instandsetzung und touristischen Nutzung entschloss. »Auf dem Holzweg« kann man nun die Etappen der Holzernte von anno dazumal abwandern. Der etwa dreieinhalb Kilometer lange Weg beginnt wahlweise oben beim Hammerherrenhaus oder am unteren Ende, wo eine Brettersäge auf die im Tal angekommenen Stämme wartete und die Schmiedegesellen wohnten. Dazwischen, in den wilden Schluchten des heute wieder dicht bewaldeten Mendlingtales, genießt man die längst nachgewachsene Schönheit der Natur auf genau jenen Wegen, auf denen ihr einst der Garaus gemacht wurde.

Adresse Lassing 19, 3345 Göstling an der Ybbs; Einstieg beim Herrenhaus: Großegg 1, 3345 Göstling an der Ybbs, Tel. 07484/25125 | Anfahrt Das Mendlingtal liegt an der B 25. Von dort den Wegweisern folgen. | Öffnungszeiten Mai – Okt. täglich 9 – 17 Uhr, Auskünfte unter Tel. 07484/93049 (Tourismusregion Ybbstaler Alpen) | Tipp Der Biobauernhof Orth bei Lassing zählt nicht nur zu den ältesten und am schönsten erhaltenen der Gegend, auch der Schafskäse aus dem Hofladen ist ausgezeichnet (Lassing 29, 3345 Göstling / Ybbs, Tel. 0680/8395, www.biobauernhof.com).

41 Das Grab der Cimburgis

Gut sichtbar versteckt

Zu gründliche Recherche ruiniert die besten Geschichten, lautet eine eherne Journalistenregel. Dass sie für andere Branchen genauso gilt, erfuhren die Macher der 1976 im Stift Lilienfeld abgehaltenen Ausstellung »1.000 Jahre Babenberger in Österreich«. Im Vorfeld sollten die Überreste Herzog Leopolds VI. exhumiert und untersucht werden. Doch als man dessen Grab vor dem Hochaltar der Stiftskirche öffnete, fand man darin die Knochen einer Frau.

Man war auf das Skelett der Cimburgis von Masowien gestoßen, einer 1429 verstorbenen polnischen Prinzessin. Herzog Leopolds Gebeine ruhten etwas weiter hinten im Altarraum. Offenbar waren die Auftraggeber des barocken Umbaus der Kirche nicht damit einverstanden gewesen, dass eine Frau das prominenteste Grab der Kirche erwischt hatte. Sie stellten kurzerhand ein prächtiges Kenotaph mit österreichischem Herzogshut darauf, das die Welt jahrhundertelang glauben ließ, hier liege der bedeutendste Babenberger.

Wer aber war Cimburgis? Nach Österreich kam sie als Ehefrau des Habsburger Herzogs Ernst. Eines ihrer neun Kinder wurde als Friedrich III. der erste römisch-deutsche Kaiser aus dem Hause Österreich. Infolge der späteren habsburgischen Heiratspolitik ist sie eine der Stammmütter vieler europäischer Herrscherhäuser: Neben den Habsburgern zählen auch die Familien Bourbon, Sachsen-Coburg-Gotha und somit Windsor zu ihren Nachkommen. Sie steuerte die berühmte Unterlippe zum familiären Erbgut bei, die selbst noch den spanischen Ex-König Juan Carlos ziert, und konnte Hufeisen mit bloßen Händen gerade biegen. Ob diese Erzählung mit dem Beinamen ihres Ehemannes »Ernst der Eiserne« zu tun hat, ist nicht bekannt.

Abt Pius Maurer ließ es sich nicht nehmen, den barocken Affront gegenüber der Piasten-Prinzessin persönlich wiedergutzumachen. Seit 2020 liegt die damals entfernte Steintafel mit dem Hinweis auf Cimburgis' Grab wieder an der richtigen Stelle.

Adresse Klosterrotte 1, 3180 Lilienfeld | **Anfahrt** Die B 20 (Mariazeller Straße) führt durchs Traisental, die Stiftskirche ist weithin sichtbar. | **Öffnungszeiten** frei zugänglich | **Tipp** Bei einer Führung erfahren Sie viel Wissenswertes über die bewegte Geschichte des Stifts. Auch ein Spaziergang durch den Stiftspark mit der »Chineser« genannten Aussichtswarte und Resten der gegen die 1683 angreifenden Osmanen errichteten Mauer lohnt sich.

42 Der Muckenkogel

Viel eindrucksvoller, als er klingt

Tollkühne Männer, die sich mit hölzernen Brettern an den Füßen steile Berghänge hinunterstürzten und so den alpinen Skilauf erfanden – diese Pioniere vermuten viele in Tirol oder Vorarlberg, doch weit gefehlt: Die Wiege des österreichischen Nationalsports liegt im Mostviertel, auf einem Berg bei Lilienfeld mit dem alles andere als imposant klingenden Namen Muckenkogel.

1905 fand dort das erste Slalomrennen der Geschichte statt. Initiator des Events war ein gewisser Mathias Zdarsky, 1856 im mährischen Kožichovice geboren. Zdarsky, ein Lehrer, Künstler und Tausendsassa, erfand eine Stahlsohlenbindung und entwickelte die »Alpine Lilienfelder Skifahr-Technik«, womit er den alpinen Skilauf erst möglich machte.

Die Teilnehmer des historischen Slalomlaufs legten eine Strecke von knapp zwei Kilometern zurück und überwanden dabei einen Höhenunterschied von 488 Metern, 85 Tore hatten sie zu durchfahren – und das auf kantenlosen Holzskiern und mit nur einem Stock.

Etwas ungelenk wirken die damaligen Sportler auf alten Fotos, doch man belächle die Pioniere nicht: Wie steil der Austragungsort dieses ersten Rennens war, das sieht man heute noch, obwohl dichter Bewuchs den Hang längst unbefahrbar gemacht hat.

Ein nostalgisch stimmender Einer-Sessellift verkürzt den Weg zum Gipfel, zumindest im Sommer – wegen der schneearmen Winter der letzten Jahre wurde der Ganzjahresbetrieb mittlerweile eingestellt.

Von der Bergstation führen wenige Schritte hinauf zum Startplatz der alten Slalomhelden. Auch Nicht-Skifahrer könnte dieser Ort ehrfürchtig stimmen: Bei günstigen Bedingungen sieht man von hier aus die vier Klöster Herzogenburg, Göttweig, Lilienfeld und Melk, in die andere Richtung erstreckt sich das Gipfelmeer der Alpen. Zu dessen Erschließung hat eine Erfindung beigetragen, die genau an diesem Ort ihren Siegeszug um die Welt antrat.

Adresse 3180 Lilienfeld | **Anfahrt** Nach Lilienfeld über die B 20. Der Sessellift ist etwa zwei Kilometer vom Stift entfernt, den Wegweisern folgen (Informationen unter www.sessellift-lilienfeld.at). | **Tipp** Verpassen Sie keinesfalls das Zdarsky-Museum im Lilienfelder Torturm, das die komplexe Persönlichkeit des Lilienfelder Skipioniers anhand vieler Fotos und Dokumente nachzeichnet (Babenbergerstraße 3, 3180 Lilienfeld, geöffnet Do, Sa und So 16–18 Uhr, www.zdarsky-ski-museum.at).

43 Der Eiskeller

Vom Keller in den Kasten

Nicht wenige technische Errungenschaften stellen sich nach ein paar Jahren als nutzlos oder überholt heraus und verschwinden aus unserem Alltag, vom Telefax bis zum Überschall-Passagierjet. Der Kühlschrank gehört definitiv nicht dazu: Seit etwa 100 Jahren ist das Gerät nicht mehr aus unseren Haushalten wegzudenken. Im Osten Österreichs nennen ihn viele Menschen heute noch »Eiskasten«, was nicht ganz korrekt ist: So hießen nämlich früher gut isolierte Vorratsschränke, die ohne Strom auskommen mussten und in denen tatsächlich Eis zum Kühlen von Lebensmitteln eingesetzt wurde – das man laufend erneuerte.

Aber woher kam dieses Eis? Auch dafür hatte man in den Jahrhunderten vor Erfindung der Steckdose eine Lösung entwickelt: Aus dem Eiskeller. Schon die alten Griechen und Römer lagerten Gletschereis unter der Erde, im Mittelalter ging dieses Know-how wie so vieles verloren. Marco Polo brachte die Idee aus China nach Europa zurück und begründete damit die seither ungebrochene Vormachtstellung des italienischen Speiseeises. Auch im übrigen Europa baute man nun Eiskeller, bis diese durch den Siegeszug des Kühlschranks obsolet wurden.

So auch in Loosdorf. Dort stieß man bei der Übersiedlung des Rathauses in den 1980er Jahren auf ein baufälliges Haus im Hinterhof des neuen Standorts. Eigentlich wollte man es abreißen, doch stellte sich heraus, dass es einen architektonischen Schatz enthielt: einen barocken Eiskeller, der um das Jahr 1700 erbaut worden war und mit seiner gemauerten Kuppel nicht nur vom handwerklichen Können der barocken Maurer, sondern auch vom technischen Verständnis jener Zeit zeugt. Die Form bietet größtmögliches Volumen bei kleinstmöglicher Fläche und eignet sich daher ideal dazu, die Kälte der aus der Pielach herbeigeschafften und an Ort und Stelle zerkleinerten Eisplatten zu bewahren. Heute wird das barocke technische Denkmal für Veranstaltungen genützt.

Adresse Alter Eiskeller, Europaplatz 11, 3382 Loosdorf, Informationen unter www.kulturverein-loosdorf.at | **Anfahrt** Über die A 1, Ausfahrt Loosdorf. Der Eiskeller ist im Zentrum, an der Rückseite des Rathauses (gleiche Einfahrt wie der Spar-Supermarkt). | **Öffnungszeiten** abseits von Veranstaltungen Besichtigung nach Vereinbarung möglich | **Tipp** Die 1587/88 unter Wilhelm von Losenstein erbaute Loosdorfer Pfarrkirche war ursprünglich eine protestantische Renaissancekirche – wovon nach gründlicher Barockisierung nur noch wenig zu merken ist. Der Karner daneben stammt aus dem 15. Jahrhundert.

44 Der Schutzengel

Fahret hin in Frieden

Gäbe es eine Statistik der meistbesuchten Statuen Österreichs, stünde sie wohl ganz oben. Und doch ist sie, auch wenn gut 30.000 Menschen pro Tag zumindest einen flüchtigen Blick auf sie werfen, eine große Unbekannte. Anders als ihre Kolleginnen Maria Theresia in Wien, Lady Liberty in New York, Viktoria auf der Siegessäule in Berlin oder La République in Paris ist sie nie das Ziel eines Ausflugs oder einer Reise, niemals wird sie als Treffpunkt vor der abendlichen Lokalrunde vorgeschlagen, niemand macht ein Selfie mit ihr oder bleibt wenigstens kurz stehen, um sie genauer zu betrachten.

Das ist auch besser so: Die geflügelte Frau steht am Rand der Autobahn bei der Abfahrt nach Loosdorf und streckt von dort segnend eine Hand in Richtung des vorbeidonnernden Verkehrsstroms. Werbesäulen für Fast Food, eine Tankstelle und einen Erotik-Shop überragen sie. Ein bisschen ratlos, vielleicht sogar verdattert schaut sie ja selbst drein, wenn ihr Gesichtsausdruck auch eher verschlossen wirkt. Wer also ist die samt Sockel immerhin sieben Meter hohe Dame, und was macht sie hier?

Nun, die Frage ist falsch gestellt. Es handelt sich nämlich um einen Engel, und diese haben bekanntlich kein Geschlecht. Freilich tragen erwachsene Engel in der Bibel stets männliche Namen, und Millionen von Putten in Abertausenden Kirchen dieser Welt haben eindeutig männliche Geschlechtsmerkmale. So ist es wohl ausgleichende Gerechtigkeit, die den Bildhauer Hans Freilinger dazu bewogen hat, seinem Erzengel Raphael weibliche Brüste zu verpassen.

Vorausgegangen ist dem Denkmal, so erzählt man sich, eine Art Loosdorfer Don-Camillo-und-Peppone-Streit: Der Bürgermeister bekam einen Obelisken inmitten des neuen Kreisverkehrs, der Pfarrer wollte nicht leer ausgehen und intervenierte beim Landeshauptmann. Seit 2002 steht in Loosdorf der einzige Autobahn-Schutzengel Österreichs.

Adresse 3382 Loosdorf | Anfahrt Über Autobahnabfahrt Loosdorf erreichbar, weiter in Fahrtrichtung Linz-Salzburg. | Tipp Loosdorf war eines der Zentren der jenischen Kultur in Österreich, einige jenische Wörter sind heute noch Bestandteil der Loosdorfer Jugendsprache. Die lesenswerte Broschüre »Noppi Gadschi«, die im Gemeindeamt erhältlich ist, bietet einen Einblick in die außerhalb Loosdorfs kaum bekannte, weitgehend ausgestorbene Sprache.

45 Die Herrenalm

Urig und altehrwürdig zugleich

Als im April 2019 die Kathedrale von Paris brannte, ging ihr 800 Jahre alter Dachstuhl unwiederbringlich verloren. »Wald von Notre Dame« hatte man die Konstruktion zuvor genannt, je nach Schätzung waren 1.000 bis 2.000 Eichen für ihre Errichtung gefällt worden. Das entspricht einer Fläche von mindestens drei Hektar dichtem Eichenwald.

Vergleichsweise bescheiden nimmt sich der Dachstuhl der Herrenalm aus, für den wohl nicht mehr als 20 Bäume dran glauben mussten. Doch auch das geschah im fernen 13. Jahrhundert. Als die Herrenalm gebaut wurde, waren viele Burgruinen von heute noch Rohbauten und der Wiener Stephansdom eine romanische Kirche, an die heute noch die beiden Heidentürme erinnern. Die Babenberger starben aus, König Ottokar erlebte sein Glück und Ende, und mit einem alemannischen Grafen namens Albrecht übernahm der erste Habsburger das Herzogtum Österreich.

Ungerührt von all den seither erfolgten Veränderungen und Umbrüchen steht die steinerne Almhütte mit dem markanten Walmdach seit 800 Jahren in einer kleinen Mulde nordöstlich des Dürrensteins. »Abgebrannt ist sie nie«, erzählt Frau Pöchacker, die mit ihrem Mann Sommer für Sommer die etwa 160 Kühe der Alm hütet. Sie versorgt die Wanderer, die bei der Hütte Rast machen, ihr Mann kümmert sich darum, dass keine Kuh in dem weitläufigen Gelände verloren geht.

Allzu viel dürfte sich im Inneren der uralten Almhütte in den letzten Jahrhunderten nicht verändert haben: Im Erdgeschoss gibt es eine Küche, gleichzeitig die Ein-Raum-Wohnung für das Halter-Ehepaar, eine kleine Ausschank und eine steile Holzstiege hinauf unters Dach.

Dort befindet sich ein Matratzenlager mit 20 Plätzen. Modernen Komfort gibt es keinen – dafür selbst gebackenes Brot und deftige Jausen von Frau Pöchacker. Und vor dem Einschlafen den Blick in einen Dachstuhl, wie auch Notre Dame einmal einen hatte.

Adresse bei 3293 Lunz am See | Anfahrt Über die B 71 (Zellerrain Straße). Der kürzeste Anstieg beginnt beim Parkplatz Tagles im Tal der Ois, einige Kilometer südöstlich von Lunz. Gehzeit etwa eine Stunde 45. | Tipp Auf dem Weg zum Leonhardikreuz hat man einen besonders schönen Blick auf den Ötscher, nach einigen Kehren steil bergab erreicht man den Lunzer Obersee – der ist zwar nicht zum Baden geeignet, aber einer der idyllischsten Plätze weit und breit.

46 Der Kältepol

Stilles Loch mit lauter Vergangenheit

Minus 52,6 Grad. So kalt wird es in Mitteleuropa sonst nirgends. Im Jahr 1932 hatten Mitarbeiter der biologischen Station in Lunz am See den mitteleuropäischen Kältepol entdeckt: das Grünloch, eine von vielen Dolinen im stark verkarsteten Massiv des Dürrensteins, auf 1.270 Meter Seehöhe.

Von der Töpperbrücke bei Kasten erreicht man das Grünloch über einen steil den Lechnergraben hinaufführenden Wanderweg. Man muss ihn schon finden wollen, um ihn nicht zu übersehen, so unspektakulär wirkt der Ort auf den ersten Blick: eine Senke inmitten dunkler Nadelbäume, in der eine kleine Wiese liegt. Hier staut sich die kalte Luft, die im Winter von den Berghängen fließt, und bildet einen Kaltluftsee. Ein einsamer Tümpel befindet sich in der Mitte, daneben ein Mast, der wohl nach wie vor der Temperaturmessung dient. Biologisch beschlagene Beobachter können sich der Erforschung einer Pflanzenwelt widmen, wie man sie sonst nur in der Tundra findet, Laien erfreuen sich an der Beschaulichkeit des einsamen Ortes, an dem nur die eine oder andere vorbeibrummende Libelle die Ruhe stört.

Vor 80 Jahren brummten hier hingegen die Motoren. Mit der Stille und Einsamkeit war es am Dürrenstein gründlich vorbei, als die Wehrmacht begann, den Überfall auf die Sowjetunion vorzubereiten. Auf der Suche nach einem geeigneten Ort, um Panzer- und andere Fahrzeugmotoren auf ihre Tauglichkeit in den gefürchteten russischen Wintern zu testen, kamen die Verantwortlichen der Wehrmacht auf das Grünloch, das noch dazu dank des gut ausgebauten Weges zur nahen Pauschenalm gut erreichbar war.

Die rostenden Relikte aus der Zeit der Wehrmachtsexperimente wurden längst beseitigt, um keine dubiosen Touristen anzulocken. Einen Wegweiser nach Stalingrad könnte man beim Grünloch trotzdem anbringen – hier war einer der Ausgangspunkte des deutschen Feldzugs nach Osten, der im Mai 1945 dort endete, wo er 1941 begonnen hatte.

Adresse bei 3293 Lunz am See | **Anfahrt** Über die B 25, Parkplatz bei der Töpperbrücke. Von der Töpperbrücke bei Kasten führt ein markierter Wanderweg den Lechnergraben hinauf, Gehzeit etwa zweieinhalb Stunden. | **Tipp** Die gemütliche Ybbstaler Hütte ist von hier aus nicht mehr weit. Das Panorama von der Hüttenterrasse ist großartig, noch schöner ist der Blick vom Hausberg der Hütte, dem Noten (Gehzeit circa eine Stunde, Reservierungen unter www.ybbstalerhuette.info).

47 Das Plakat

Erinnerung an lebensgefährliche Zivilcourage

Ein großer, mit »Ja« beschrifteter Kreis, ein kleiner mit »Nein«. Die beiden Wörter sind in Frakturschrift gesetzt und stehen an einer weißen Plakatwand oberhalb des Wasser-Clusters von Lunz am See. Erinnerungen an den Geschichtsunterricht blitzen auf, eine erklärende Tafel bestätigt den Verdacht: Mit derart gestalteten Stimmzetteln ließen die Nationalsozialisten den »Anschluss« Österreichs am 10. April 1938 absegnen. Die Abstimmung war weder frei noch geheim, SS-Männer in den Wahlzellen sorgten dafür, dass sie im Sinne Hitlers ausging: Nicht weniger als 99,7 Prozent kreuzten das große »Ja« an.

Einer der wenigen, die sich nicht einschüchtern ließen, war der aus prominenter Lunzer Familie stammende Wilhelm Mathes. Er selbst bezahlte sein »Nein« zum Anschluss ans Nazireich mit seiner Verhaftung und Bedrohung durch einen Lynchmob, von dem er bespuckt und geschlagen wurde.

Es folgten düstere Jahre: Zwei jüdische Lunzer Familien wurden enteignet, deportiert und ermordet. Der heutige Wassercluster wurde zum Wehrertüchtigungslager für die Hitlerjugend, die Wehrmacht führte beim Grünloch Versuche zur Kältetauglichkeit von Motoren durch (siehe Ort 46). Zu neuerlichen schweren Verbrechen kam es am Ende des Krieges und knapp darüber hinaus: Aufgrund seiner unzugänglichen Lage hielten sich in Lunz bis zur Kapitulation Hitlerdeutschlands hochrangige SS-Offiziere und andere Nazibonzen auf. Einer von ihnen erschoss noch in der Nacht auf den 9. Mai den Leiter der »Widerstandsgruppe Erlauftal« Rudolf Obendorfer. Wie so oft wurden die Verantwortlichen mit äußerster Milde behandelt und bald begnadigt.

Mit dem Mahnmal beim Wassercluster erfährt der 1977 verstorbene Wilhelm Mathes, der den an seiner Verhaftung beteiligten Gendarmen nach dem Krieg verteidigt hatte, späte Gerechtigkeit. Die Erinnerung daran, dass es auch gegen Widerstände möglich ist, sich für die Zivilcourage zu entscheiden, ist unübersehbar.

Adresse auf der Wiese oberhalb des Wasserclusters, Dr.-Carl-Kupelwieser-Promenade 5, 3293 Lunz am See | Anfahrt Über die B 25 erreichbar. Ein Parkplatz befindet sich kurz vor dem Restaurant Seeterrasse. | Tipp Eines der schönsten Häuser der kleinen Stadt ist das Amonhaus, das heute als Handarbeits- und Hammerherrenmuseum dient (Amonstraße 16, 3293 Lunz am See, Tel. 07486/808115).

48 Das Landesklinikum

Eine Utopie, in der man spazieren gehen kann

Als Schmelztiegel des Vielvölkerstaats war Wien um 1900 »the place to be« für die jeweils Besten in ihren Disziplinen. Einer der Stars von damals war Otto Wagner, der für die rasch wachsende Stadt eine Infrastruktur schuf, die sich heute noch bewährt. Eines seiner Hauptwerke, weithin sichtbar: die 1907 eröffnete Heilanstalt am Steinhof, die modernste psychiatrische Klinik ihrer Zeit.

Ohne die Leistung des visionären Stadtbaumeisters schmälern zu wollen – geplant wurde die Anlage nicht von ihm, sondern vom in Norditalien geborenen österreichischen Architekten Carlo von Boog. Und dieser konnte dabei auf Erfahrungen zurückgreifen, die er anderswo gemacht hatte: in Mauer bei Amstetten nämlich. Denn eine topmoderne Psychiatrie auf der Höhe ihrer Zeit – die gab es damals bereits, weitab vom Schuss statt in der glanzvollen Metropole.

Die berühmte Wiener Klinik sollte ihr den Rang ablaufen, doch das heutige Landesklinikum Mauer vereinte bereits alle Qualitäten, für die auch Steinhof gerühmt wird: eine großzügige Anlage mit ausgedehnten Grünflächen, Gärten und Wäldchen, in der harmonisch angeordnet Jugendstilpavillons stehen. Boog war für das Gesamtkonzept zuständig, Erich Gschöpf hieß der ausführende Architekt der Pavillons. »Es muss schön sein, in Mauer ein Narr zu sein«, soll Kaiser Franz Joseph bei der Eröffnung der Anlage gesagt haben.

Leider blieb es – auch das eine Parallele zum berühmten Wiener Pendant – nicht dabei. Auch in Mauer wüteten die Nationalsozialisten. 1.269 Patienten aus Mauer wurden in Hartheim ermordet, Hunderte weitere an Ort und Stelle. Ihre Gräber auf einer Wiese neben dem Anstaltsfriedhof sind nach wie vor nicht gekennzeichnet, das Schicksal der dort Begrabenen wird derzeit erforscht. Im Frühjahr 2019 wurde ihnen mit einer »Himmelstreppe« genannten Säule aus Grabsteinen ein Denkmal auf dem Anstaltsgelände gesetzt.

Adresse Hausmeninger Straße 221, 3362 Mauer, Tel. 07475/90040, https://mauer.lknoe.at | Anfahrt Das Landesklinikum liegt westlich von Amstetten unweit des Bahnhofs Mauer-Öhling. | Tipp Die vielfach ausgezeichnete Bio-Destillerie Farthofer in Öhling ist Europas größter Anbieter von Bio-Spirituosen (Führungen, Verkostungen und Ab-Hof-Verkauf: Mostviertelplatz 6, 3362 Öhling bei Amstetten, 07475/53674, www.destillerie-farthofer.at).

49_Die Elsbeere

Sorbus torminalis. What else?

Ohne Elsbeere gäbe es vielleicht gar kein Mostviertel. Zumindest hätte man Probleme gehabt, den Birnenmost in so großer Menge zu pressen: Die Spindeln der alten hölzernen Mostpressen wurden nämlich aus Elsbeerholz gefertigt, das besonders hart und widerstandsfähig und heute noch bei Werkzeug- und Instrumentenbauern heiß begehrt ist.

Von Kennern höchst geschätzt wird auch die Beere selbst, doch die macht es einem alles andere als leicht: Sie wächst nur ganz außen am Baum, wo die Äste und Zweige immer dünner werden und die langen Leitern, die man im Oktober an die Bäume bindet, gefährlich ins Schwanken geraten. Eine Seilsicherung ist bei der Ernte Pflicht, herunterschütteln lassen sich die Beeren natürlich nicht. Nur alle drei bis vier Jahre trägt der Elsbeerbaum so richtig, und für einen Liter des intensiv nach Marzipan duftenden und schmeckenden Elsbeerbrandes braucht es 25 Kilogramm Früchte.

Viel Mühe, wenig Ertrag: Noch vor wenigen Jahren sah es nicht gut aus für die Elsbeere. Alte Bäume wurden umgeschnitten, kaum neue nachgepflanzt. Mit der Slow-Food-Bewegung setzte eine neue Wertschätzung für die traditionsreiche Frucht ein, und heute finden sich immer mehr junge Landwirte, die sich die Mühe antun, die man mit der Elsbeere eben hat. Jakob Mayer ist einer von ihnen. 2019 hat er den Hof von seinen Eltern übernommen und den ehemaligen Kuhstall zum »Haus der Elsbeere« umgebaut. Hier erfährt man alles über die kostbare, überaus gesunde Beere, kann durch Panoramafenster die bis zu 200 Jahre alten Bäume des Familienbetriebs bewundern und Schnaps, Likör, Sirup, Schokoladen, Marmeladen und vieles mehr von der Elsbeere verkosten. Schlechtes Gewissen muss man beim Genuss keines haben: Bereits Martin Luther empfahl die gerbstoffreiche Beere als Hausmittel gegen Verdauungsprobleme, Elsbeerschnaps wurde früher in der Apotheke verkauft.

Adresse Jakob Mayer, Mayerhöfen 1, 3074 Michelbach, Tel. 0680/2373590, www.elsbeere.at | **Anfahrt** Über die A 1 bis Böheimkirchen fahren, dann Richtung Hainfeld bis Michelbach. | **Öffnungszeiten** Betriebsbesuch auf Anfrage | **Tipp** Eine weitere selten gewordene Mostviertler Spezialität finden Sie, wenn Sie am Schutzhaus Hegerberg vorbei ins Stössingbachtal fahren: Beim Mostsepp in Kasten (Dörfl 3, 3072 Kasten) gibt es von Donnerstag bis Sonntag ofenfrische »Feuerflecken« (genaue Öffnungszeiten unter Tel. 0650/2842288 oder 0650/4325324).

50 Die Toleranzkirche

Holz, Würde, Stolz

Etwas über drei Prozent der Bevölkerung Österreichs bekennen sich zu einer der beiden evangelischen Kirchen. In Mitterbach sind es 30 Prozent. Das war nicht immer so: In den 1920er Jahren waren hier sogar 80 Prozent der Gläubigen evangelisch.

Sie sind die Nachfahren von Arbeitsmigranten, die man einst von weit her ins Ötscherland geholt hat: Zur Rodung der steilen Hänge rund um den »Vaterberg« brauchte es Spezialisten, und die gab es im Gebiet um den Dachstein. Doch die Schlüsselarbeitskräfte brachten nicht nur ihr Können, sondern auch ihren Glauben in das dünn besiedelte Gebiet mit. Sie waren Geheimprotestanten, sehr zum Missfallen der geistlichen Grundherren vom Stift Lilienfeld, die den Arbeitsmigranten ihren wöchentlichen Lohn erst nach Besuch des katholischen Gottesdienstes in einer eigens dafür errichteten Kirche auszahlten.

Die Toleranzpatente Kaiser Josephs II. setzten den Schikanen ein Ende, 1785 wurde in Mitterbach die älteste protestantische Kirche Niederösterreichs gebaut. Oder beinahe: Ganz so weit ging die Toleranz des reformwütigen Kaisers dann nämlich doch nicht. »Kirche« durfte man gar nicht dazu sagen, es handelte sich um »Bethäuser«. Sie durften keinen Eingang zur Straße haben, von der sie außerdem mindestens 50 Meter entfernt sein mussten. Und vor allem: Sie durften nicht wie Kirchen aussehen. Erst 1848 war es erlaubt, in Mitterbach einen Turm hinzuzufügen.

Seither sieht das alte Gotteshaus der Holzfäller auch von außen wie eine Kirche aus. Ihre volle Würde entfaltet diese aber vor allem im schlichten, stimmigen Innenraum, bei dessen Renovierung im Jahr 2016 viel geöltes Holz eingesetzt wurde. In die neu errichtete Empore sind die Namen derjenigen eingraviert, die sich 1782 trotz zu erwartender Repressalien öffentlich zu ihrem Glauben bekannten. Ihre Nachfahren haben den stolzen Holzfällern von damals ein würdiges Denkmal gesetzt.

Adresse Kirchengasse 9, 3224 Mitterbach am Erlaufsee | Anfahrt Über die B 20 (Mariazeller Straße) erreichbar. | Öffnungszeiten während der Woche versperrt, den Schlüssel gibt es im evangelischen Pfarramt, Tel. 03882/2275 | Tipp Unweit der evangelischen Kirche ist die Talstation des Sessellifts zur Gemeindealpe. Das Panorama vom Terzerhaus bei der Bergstation ist großartig, und man sieht auch, wie nahe an einem katholischen Hotspot die evangelische Kirche gebaut wurde: Mariazell ist nur einen Katzensprung entfernt.

51 Der Kulturhof

1.000 Jahre Österreich

»1.000 Jahre sind ein Tag«, sang Udo Jürgens, doch manchmal hat man nicht so viel Zeit. Wer aber eine Stunde erübrigen kann, um sich mit den letzten 1.000 Jahren zu befassen, der kommt bei einem Besuch im Ostarrichi-Kulturhof auf seine Rechnung. Dieser wurde 1996 errichtet, um ein 1.000-jähriges Jubiläum gebührend zu feiern: 996 wurde in einer Schenkungsurkunde der Landstrich rund um Neuhofen »Ostarrichi« genannt. »Gebiet im Osten« oder »Östlicher Herrschaftsbereich« könnte die Bezeichnung bedeutet haben, die der Gegend erhalten blieb.

Man interessierte sich allerdings die längste Zeit nicht besonders für die Herkunft des etwas merkwürdigen Wortes »Österreich«. Erst 1946 besann man sich auf die alte Urkunde und feierte ein 950-Jahr-Jubiläum: Österreich, gerade noch Teil Hitlerdeutschlands, war in den Grenzen der Zwischenkriegszeit wiedererrichtet worden und brauchte dringend eine neue identitätsstiftende Erzählung, um als Nationalstaat funktionieren zu können.

Bekanntlich wurde eine erstaunlich erfolgreiche Geschichte daraus. Auch für Neuhofen ist die Rückbesinnung auf die alte Urkunde ein Glücksfall, hat der Ort dadurch doch ein Haus der Geschichte bekommen, in dem sowohl der Aufstieg der einstigen Markgrafschaft zur Weltmacht als auch deren verheerendes Scheitern im 20. Jahrhundert anhand vieler Schautafeln, interaktiver Elemente und Hörtexte nachvollzogen werden können.

1996 beging man übrigens bereits das zweite 1.000-jährige Jubiläum: Mit der Markgrafschaft, die später »Ostarrichi« hieß, war schließlich schon 976 ein gewisser Leopold von Babenberg belehnt worden, was man 1976 ausgiebig feierte.

Bis zum nächsten Tausender wird man noch etwas warten müssen: 1156 wurde die Markgrafschaft Österreich in den Rang eines Herzogtums erhoben. 2156 wird man also wieder »1.000 Jahre Österreich« feiern können.

Adresse Millenniumsplatz 1, 3364 Neuhofen an der Ybbs | **Anfahrt** Neuhofen liegt an der B 121 (Weyrer Straße) | **Öffnungszeiten** Informationen unter Tel. 07475/5270040 | **Tipp** Kelten, Römer, Slawen, Germanen, Ungarn, Awaren sind nur einige der Völkergruppen, die zumindest vorübergehend auf dem Gebiet des ehemaligen Ostarrichi heimisch waren. Auf dem »Platz der vergessenen Völker« erinnert ein Kreis aus fünf Granitblöcken an die verlorene Vielfalt (Niederneuhofen 17, 3364 Neuhofen an der Ybbs).

52 Das Urzeitmuseum

Das Gräberfeld als Zeitmaschine

Die Männer lagen auf der linken Seite, den Kopf nach Norden gerichtet. Die Frauen auf der rechten, mit dem Kopf in Richtung Süden. So blickten beide Geschlechter nach Osten, wo die Sonne aufgeht. Die Beine hatten sie angewinkelt, 4.000 Jahre lang: In den 1980er Jahren wurden bei den Vorarbeiten zum Bau der Kremser Schnellstraße menschliche Knochen gefunden, die sich rasch als Teile eines riesigen Gräberfeldes herausstellten. 2.300 Gräber aus der Bronzezeit wurden gefunden, es handelt sich um das größte bronzezeitliche Gräberfeld Mitteleuropas.

Zahlreiche Funde geben Aufschluss über Bestattungsrituale und Kleidung der Menschen aus der fernen Epoche, die ihre Toten in ausgehöhlte Eichenstämme betteten und ihnen Werkzeuge, Gefäße, Essbestecke und Kleidung fürs Jenseits mitgaben. Sie verfügten über die Fähigkeit, Bronze herzustellen, die härter war als das zuvor verwendete Kupfer. Dieses hatten die Menschen zur Zeit der vorangegangenen, in ganz Europa verbreiteten Glockenbecherkultur verwendet.

Es sind faszinierende Geschichten, die Archäologen aus einem Haufen alter Scherben und Knochenfragmente, oft auch aus bloßen Verfärbungen der Erde herauslesen können. Wie sie das anstellen, erklärt das Museum für Urgeschichte in Nußdorf anhand zahlreicher Puzzlesteine, die der Boden rund um das »Meran des Traisentals« freigegeben hat. Etwa 4.000 Jahre alte Kerne von Weinbeeren, die den kühn gewählten Namen durchaus gerechtfertigt erscheinen lassen. Auch mit der Figur eines keltischen Kriegers in einem rekonstruierten »Originalkostüm« kann das im Obergeschoss eines alten Kellergebäudes eingerichtete Museum aufwarten. Am spannendsten ist aber das, was man nicht sieht: die Bilder im Kopf, die auf der Grundlage der gezeigten Skelette und Gegenstände entstehen, wenn man sich von der gut gemachten Dauerausstellung in das Land vor unserer Zeit entführen lässt.

Adresse Marktplatz 1, 3134 Nußdorf ob der Traisen, Tel. 02783/7465 | Anfahrt Über die S33, Ausfahrt Traismauer Süd, danach den Wegweisern folgen. | Öffnungszeiten April–Okt. täglich 9–17 Uhr | Tipp Im nahen Reichersdorf wohnte eine Familie einst in einer Höhle oberhalb der Weinberge (Wegweiser im Ortszentrum, Zutritt frei). Ein Luxus trotz spartanischen Lebensstils: die herrliche Aussicht über das Traisental.

53_Der alte Friedhof

Mostviertler memento mori

Ob man auf dem Eiffelturm gewesen sein muss, um Paris gesehen zu haben? Nicht zwingend. Ein Spaziergang über den Père-Lachaise-Friedhof ist hingegen Pflicht. Wer nach London fährt, sollte den Highgate Cemetery nicht verpassen, und in Wien stehen außer dem Zentralfriedhof auch mindestens die Friedhöfe St. Marx und Grinzing auf den To-visit-Listen.

Für einen Friedhofsbummel braucht es schließlich weder morbide Sehnsüchte noch Lust am Makabren. Vor allem in Städten sind Friedhöfe wohltuende Orte der Stille, die eine Auszeit von Hektik und Lärm erlauben. Alte Grabsteine mit liebevoll-traurigen Abschiedsworten oder nicht mehr gebräuchlichen Namen und Titeln stimmen nachdenklich oder regen die Phantasie an. Am schönsten sind Friedhöfe meist dort, wo sie zumindest vorübergehend nicht mehr gepflegt werden: Hier können sich Tiere und Pflanzen zwischen verwitterten Grabsteinen ungestört entfalten und sorgen für romantische Sinnbilder des ständigen Werdens und Vergehens, von dem auch wir nur kleine Teile sind.

Leider hapert es auf dem Land oft an dieser Romantik. Nicht nur bei Vorgärten, Hausfassaden und Karosserie-Oberflächen sorgt das Bedürfnis nach Sauberkeit und Ordnung zwar für einen gepflegten, mitunter aber auch etwas sterilen Eindruck. Neue Grabsteine stehen frisch poliert in Reih und Glied, Moos und Patina werden genauso wenig geduldet wie etwaiges Aus-der-Reihe-Tanzen.

Nur einer ist anders: der alte Friedhof von Oberwölbling. Längst wurde ein neuer Friedhof mit makellos gepflegten Grabstätten angelegt, während der alte vor sich hin dämmern darf. Efeu überwuchert verwitternde Steine, Inschriften verblassen, so manches Kreuz neigt sich bedenklich zur Seite. Während man Namen und Daten entziffert und sich die Geschichten dahinter vorzustellen versucht, umfängt einen der Zauber dieses Ortes auf der Stelle – es ist der Père Lachaise des Mostviertels.

Adresse im Zentrum von 3124 Oberwölbling an der St. Pöltner Straße, schräg gegenüber der Hausnummer 8 | **Anfahrt** Von St. Pölten über die S 33, Ausfahrt Herzogenburg Nord, oder über die Kremser Ersatzstraße L 100 erreichbar. | **Öffnungszeiten** rund um die Uhr | **Tipp** Machen Sie auch einen Abstecher zur sehenswerten spätgotischen St.-Veits-Kirche in Unterwölbling (Schlüssel nebenan beim Winzerhof Müllner erhältlich).

54_Das Fleischereimuseum

Als die Wurst noch nicht wurst war

Die Fleischhauer sterben zwar aus, doch für die Tiere ist das kein Grund zum Aufatmen: Wir essen nämlich – Gesundheitsbewusstsein hin, Klimaschutz her – mehr Fleisch als je zuvor. Ob die Industrialisierung besser fürs Tierwohl ist? Alfred Kaiblinger, Fleischermeister im Ruhestand, zeigt auf eine Tafel mit dem »Spruch der Fleischer«: »Blutig ist dein Amt, oh Fleischer« steht dort zu lesen. »Schaffe nicht Leiden dem Tier, das du zu töten bestimmst. Wünschest du selber ja auch, käme doch sanft dir der Tod.«

Nun, sanft zu Tode gestreichelt wurde auch in den Kleinbetrieben von früher niemand. Doch wer selbst schlachtet, braucht Achtung vor dem Lebewesen, das er zum Lebensmittel macht. Allein aus Gründen der Qualität seiner Ware: Stress und Panik wären dieser nämlich abträglich.

Auf eigenwillige und doch eingängige Weise wird einem dieser Respekt vor dem einst viel kostbareren Lebensmittel in Niederösterreichs erstem und bisher einzigem Fleischereimuseum nähergebracht. Alfred Kaiblinger hat es im August 2006 in seiner eigenen alten Fleischerei eröffnet. Die darin versammelten Maschinen tragen oft etwas bizarre Namen wie »Siebenschneider« oder »Fleischquetsche«, sind gefährlich-schön anzuschauen und meist tadellos in Schuss: »Ich könnte sofort wieder zum Eindosen anfangen«, sagt Herr Kaiblinger und streicht über eine Dosenfüllmaschine, die schon lange außer Dienst gestellt war, als er 1966 das Geschäft seines Vaters übernahm. Geplante Obsoleszenz war damals noch kein Thema.

So individuell wie die vielen Wurstfüllmaschinen, die an unterschiedlichen Orten von unterschiedlichen Menschen zum selben Zweck erfunden wurden, waren damals auch die Produkte. »Jeder Fleischhauer hat seine eigenen Rezepte gehabt«, erzählt Alfred Kaiblinger von der Zeit, als auch die Knackwurst überall ganz anders schmeckte, Fleisch viel wertvoller war als heute und man mit größter Sorgfalt damit umging.

Adresse St. Pöltner Straße 4, 3124 Oberwölbling | **Anfahrt** Von St. Pölten über die S 33, Ausfahrt Herzogenburg Nord, oder über die Kremser Ersatzstraße L 100 erreichbar. | **Öffnungszeiten** Besichtigung nach Voranmeldung unter Tel. 02786/2216 oder 0676/9267943 | **Tipp** Das Zentrum Oberwölblings hat wie viele andere Ortszentren auch mit Leerstand zu kämpfen, doch das Café Kucheninsel bringt Leben hinein (geöffnet Fr–So, Waldbadstraße 1, 3124 Oberwölbling, Tel. 0676/5919193, www.kucheninsel.cafe).

55 Der Freiheitsstein

Das Mostviertler »Leo«

Der 1230 verstorbene Herzog Leopold VI. gilt als bedeutendster Babenberger. Noch fast 800 Jahre nach seinem Tod ist sein Name in aller Munde: »Bin im Leo!«, rufen Wiener Kinder beim Fangenspiel, wenn sie einen vorher vereinbarten Platz erreicht haben, an dem sie nicht gefangen werden dürfen. Das »Leo« erinnert an das unter Leopold eingeführte Kirchenasyl. Es galt, sobald es einem Verfolgten gelang, vor seinen Häschern eine beim Bau des Doms verwendete Metallspule zu berühren, sagt die Legende. Einen ganz ähnlichen Gegenstand gibt es auch im Mostviertel: Neben der Pfarrkirche von Obritzberg steckt eine auf den ersten Blick unscheinbare Steintafel im Boden, die Leopolds Großvater Heinrich Jasomirgott dort hat anbringen lassen.

Es handelt sich um den »Freiheitsstein« von Obritzberg, der mit Kirche und Pfarrhof einen der Eckpunkte des Asylbezirks bildete. Ähnlich wie das jüngere »Leo« bot er Schutz vor Strafverfolgung. Allerdings nur für drei Tage, und für die musste der Verfolgte teuer bezahlen. Beim Stein wurden aber auch ertappte Diebe festgehalten, bis sie vom Vogt oder Landrichter abgeholt wurden. Wer jemanden aus dem Asylbezirk herausforderte, musste eine nach Einkommen gestaffelte Geldstrafe berappen.

Der Gesetzestext, in dem etwa 50 weitere Rechtsfälle genau geregelt werden, ist das sogenannte »Banntaiding« der Pfarrherrschaft Obritzberg und stammt aus dem Jahr 1148. Damit ist es eines der ältesten Rechtsregelwerke des deutschen Sprachraums. Der Text ist heute noch interessant zu lesen und gibt Einblicke in die Konflikte, die im Hochmittelalter die Gesellschaft bewegten. Verleumdung, Eigentumsdelikte, Körperverletzung und Nachbarschaftsstreitigkeiten waren wichtige Themen.

Dass es sich bereits um einen typisch mostviertlerischen Text handelt, erkennt man an der hohen Strafe für das böswillige Fällen veredelter Obstbäume: Fünf Pfund Silber waren pro Baum fällig.

Adresse Obritzberg 1, 3123 Obritzberg | **Anfahrt** S 33 bis Herzogenburg Nord, danach über Rottersdorf und Kleinrust nach Obritzberg fahren. | **Tipp** Der »Eheweg«, eine dreieinhalb Kilometer lange Spazierrunde mit sieben Themenstationen, beginnt ebenfalls am Kirchenplatz von Obritzberg.

56 St. Cäcilia

Österreichs musikalischste Ruine

Beim Übersetzen aus dem Lateinischen rächt sich jede noch so kleine Ungenauigkeit, wie Generationen von Gymnasiasten leidvoll erfahren mussten und müssen. Man kann aber auch Glück haben, wie die heilige Cäcilia. In deren lateinischer Heiligenvita steht zu lesen, die zum Christentum konvertierte junge Römerin habe angesichts ihrer erzwungenen Heirat in ihrem Herzen zu Gott allein gesungen und ihn gebeten, ihre Jungfräulichkeit zu bewahren. Das alles, während die Musik bereits zum Fest aufspielte: »Cantatibus organis«, wie der Römer sagt.

Mittelalterliche Theologen übersetzten den Ablativus absolutus jedoch falsch. Sie ließen Cäcilia lauthals singen und dabei selbst die Orgel spielen. Womöglich war das ja kein Fehler, sondern Absicht: Unter den vorhandenen Heiligen war zuvor niemand für die Kirchenmusik zuständig, da kam eine orgelspielende Märtyrerin gerade recht.

Warum gerade die zumindest post mortem für besonders musikalisch erklärte Heilige im Musikland Österreich recht stiefmütterlich behandelt wird, ist unklar. Während Märtyrerinnen wie Barbara oder Katharina als Kirchenpatroninnen hoch im Kurs stehen, gibt es nur eine einzige Cäcilienkirche im Land. Sie steht verkehrsgünstig in Sichtweite der Westautobahn, ist aber nur wenigen Eingeweihten bekannt. Das dürfte auch daran liegen, dass man sie kaum erkennt: Die von Einheimischen »Cilling« genannte Kirche wurde während der Türkenkriege schwer beschädigt, von Joseph II. säkularisiert und von den Franzosen niedergebrannt. Nur die Mauern blieben stehen. Eine stattliche Eiche wächst aus dem Kirchenschiff, eingestürzte Bauteile geben den Blick auf sorgfältig gemauerte Gewölbe aus Naturstein frei.

Die Reste der Cäcilienkirche sind heute ein schöner, romantisch-besinnlicher Ort. Nur das statt Orgelklängen ertönende Dröhnen der nahen Autobahn will so gar nicht zur Patronin der Ruine passen.

Adresse Perersdorf 28, 3071 Perersdorf | Anfahrt A 1 bis Böheimkirchen. Im Zentrum links abbiegen, bis Hinterholz fahren, dort in Richtung Perersdof und Pyrha. Am besten erreicht man die Ruine zu Fuß ab dem benachbarten Bauernhof (Perersdorf 16). | Tipp Besser durch die Wirren der Geschichte ist die romanische Lanzendorfer Martinskirche bei Böheimkirchen gekommen, die mit ihrem markant schiefen Turm ebenfalls allein auf weiter Flur steht (Lanzendorf 145, 3071 Lanzendorf).

57 Das Tischlermuseum

Nix für Owizahrer

Wie überprüft man, ob ein Hobel fein genug eingestellt ist? Ganz einfach: Man legt sich einen Hobelspan quer über den Nasenrücken und zieht an beiden Enden in Richtung Gesicht. Reißt der Span durch, bevor man den Druck auf der Nase spürt, war er fein genug. Wieder etwas gelernt, nächste Frage: War der Hobel von europäischer oder chinesischer Bauart? Auch dafür gibt es klare Kriterien, aber alles können wir hier nicht verraten – dafür ist schließlich das Tischlermuseum in Pöchlarn zuständig.

In diesem »Museum zum Ausprobieren« kann man nicht nur Hunderte Hobel unterschiedlichster Provenienz in die Hand nehmen. Getreu der Devise »learning by doing« lernt man hier beim Ausprobieren auch spielerisch Fachvokabeln, von der Heinzelbank bis zum Reiffmesser, sowie die tiefere Bedeutung vermeintlich altvertrauter Ausdrücke: Wussten Sie etwa, dass das österreichische Wort für »Faulpelz«, nämlich »Owizahrer«, aus der Holzverarbeitung stammt? Bei einer senkrecht von zwei Personen zu bedienenden Säge gab es zwei Arbeitsrichtungen: eine beschwerliche, bei der die Säge hinauf-, und eine bequemere, bei der sie hintergezogen wurde: Der Hinunter-Zieher – im Dialekt »Owizahrer« – hatte den gemütlicheren Job erwischt.

Pöchlarns Tischlertradition ist nicht nur alt, sondern auch lebendig: Eine von drei österreichischen Tischler-Meisterschulen befindet sich hier. Auch die einzige Fassbinderausbildung Österreichs kann in Pöchlarn absolviert werden – der Beruf ist wegen des internationalen Whisky-Trends wieder stärker gefragt.

Dass das Tischlerhandwerk eben auch ein künstlerischer Beruf ist, zeigt ein aufwendig verzierter Gesellenbrief ebenso wie die nach barocker Tradition handgefertigte Schatulle mit kunstvollen Einlegearbeiten, die eine Meisterklasse zum Abschluss der Schule anfertigte. Auf jeden Fall ist es kein Job für Owizahrer, so viel ist sicher.

Adresse Sandtorgasse 9, 3380 Pöchlarn, Tel. 02757/3210 | **Anfahrt** Nach Pöchlarn über die A 1, Ausfahrt Pöchlarn – das Museum ist mitten im Zentrum. | **Öffnungszeiten** Besichtigung nach Vereinbarung | **Tipp** Pöchlarn ist nicht nur die Nibelungenstadt schlechthin, sondern auch die Geburtsstadt Oskar Kokoschkas – ein Besuch im Kokoschkahaus gehört dazu (Regensburger Straße 29, 3380 Pöchlarn, Tel. 02757/7656).

58 Der Weg des Friedens

Im Hinterland des Ersten Weltkriegs

Ohne Erinnerungsort ist die Erinnerung eine abstrakte Angelegenheit. Während französische Schulklassen vor allem um den 11. November die Schlacht- und Gräberfelder des Ersten Weltkriegs besuchen, sorgt der Krieg der Ur- und Ururgroßväter hierzulande meist nur für Schulterzucken. Der Staat, der die Urkatastrophe des 20. Jahrhunderts auslöste, existiert schließlich nicht mehr. Grenzen, Institutionen und Traditionen der Republik Österreich sind ganz andere als die des Kaiserreichs. Ein generationenübergreifendes »wir« ist kaum möglich, wenn man vom Krieg Österreich-Ungarns spricht. Was aber vor allem fehlt, sind konkrete Orte: Keines der Schlachtfelder, auf denen die Soldaten der Monarchie kämpften und starben, liegt auf dem Boden des heutigen Österreich.

Doch Geschichte besteht nicht nur aus Schlachten, nicht einmal, wenn man vom Weltkrieg spricht. Und so finden sich durchaus auch »bei uns« Schauplätze des großen Epochenbruchs: in Purgstall etwa, wo ein »Weg des Friedens« rund um ein Gelände führt, in dem von 1914 bis 1918 bis zu 24.500 Kriegsgefangene auf einer Fläche von 46 Hektar interniert waren.

Es ist tatsächlich ein friedlich stimmender Rundweg, der beim Gasthaus Schager beginnt und anhand von Schautafeln das damalige Lager wenigstens imaginär wiedererstehen lässt. Besonders berührend ist der noch erhaltene, in stiller Waldeinsamkeit gelegene Lagerfriedhof, auf dem 930 Menschen beerdigt sind.

Ein prominenter vorübergehender Bewohner Purgstalls war der Tullner Egon Schiele, der hier ab 1916 als Offizier im Gefangenenlager Dienst tat. Ihn faszinierte besonders die »Zerfallende Mühle« in der Erlaufschlucht. Das während seiner Zeit in Purgstall geschaffene Gemälde zählt heute zu seinen bedeutendsten Landschaftsbildern, es entstand an einem der schönsten Orte, an denen man auf dem Friedensweg vorbeikommt. Ein paar Fundamentreste der Mühle erkennt man noch.

Adresse Schauboden 22, 3251 Purgstall an der Erlauf | Anfahrt An der B 25 gelegen. Der Weg des Friedens beginnt und endet direkt beim Bahnhof Schauboden nördlich von Purgstall, den man über die Erlauftalstraße erreicht. | Tipp Das Erlauftaler Feuerwehrmuseum zeichnet anhand alter Fahrzeuge und Ausrüstungsgegenstände die Geschichte des Feuerwehrwesens in Niederösterreich nach (Pöchlarner Straße 56, 3251 Purgstall an der Erlauf, geöffnet Mai–Okt. Sa, So, Feiertage 13–17 Uhr).

59 Der Vierkanter

Einer muss der größte sein

Dank technischer Fortschritte beim Ofenbau konnte man im 19. Jahrhundert endlich gebrannte Ziegel in großer Menge herstellen. Während in den Ziegelgruben rund um Wien Arbeiter aus Böhmen und Mähren schufteten, kamen weiter westlich italienische Gastarbeiter ins Land und brachten ihr Know-how in Sachen Ziegelbrennen aus der Po-Ebene mit. Nicht nur an der Wiener Ringstraße, auch im Mostviertel setzte eine rege Bautätigkeit ein: Wer es sich leisten konnte – und das waren in Zeiten des florierenden Mosthandels viele –, riss seinen alten, meist aus getrockneten Lehmziegeln gebauten Hof ab und baute ihn aus gebrannten Ziegeln größer, prächtiger und imposanter wieder auf.

Während die städtischen Bauherren dem Historismus frönten und dazu viel Putz und Stuck benötigten, blieben die Mostviertler Vierkanthöfe meist unverputzt: Die schönen neuen Mauern hatten schließlich auch eine schöne Stange Geld gekostet, also wollte man sie nicht verstecken. Der größte Vierkanter des Mostviertels war bis 1919 ein Gasthaus. Er wurde 1864 an der Stelle eines seit dem 15. Jahrhundert bestehenden Hofes errichtet, brannte zehn Jahre später nieder und wurde ein weiteres Mal neu aufgebaut. Sein Nahe: Samhub.

Über 1.000 Mostbäume standen einst rund um den Hof, sein Keller ist nach demjenigen von Stift Seitenstetten der größte des Mostviertels. Als 1938 die Vorarbeiten für die Reichsautobahn begannen, mussten Hunderte Bäume gefällt werden. Der Weltkrieg verzögerte das Projekt, verhinderte es aber nicht: Seit 1961 führt die Autobahn unmittelbar an Samhub vorbei. Die alten Birnbäume, die dem Fortschritt im Weg waren, sind längst gefällt. 1958 wurde der letzte hauseigene Most auf Samhub gepresst und in die riesigen Fässer gefüllt, in die bis zu 8.000 Liter passen. Sie stehen nach wie vor im Keller, und zwar bis sie zerfallen: Sie wurden im Keller gebaut, keine Tür ist groß genug, um sie nach draußen zu bringen.

Adresse Familie Lichtenberger, Reichhub 30, 3350 Reichhub | Anfahrt Über die A 1 bis Ausfahrt 142 Haag, beim Pendlerparkplatz links abbiegen (Radhof) und der Straße bis Reichhub folgen. | Öffnungszeiten ein Blick in den Keller ist gegen Voranmeldung unter Tel. 0664/8610117 möglich | Tipp Die St.-Wolfgang-Kirche im nahen Kanning lohnt den Besuch, den Schlüssel bekommt man im Bauernhof gleich daneben.

60_Pindigiland

Ein Paradies für Pinball-Wizards

Was alles passieren kann, wenn Buben Ministranten werden wollen. Vor allem, wenn sie gerade die Zeit bis zur nächsten Messe totschlagen müssen. Günter Freinberger hat sich bei so einer Gelegenheit das Virus eingefangen. Erwischt hat es ihn in St. Leonhard, dort war neben der Kirche ein Wirtshaus mit einem Hinterzimmer.

In diesem stand ein Flipper mit vielen bunten Lämpchen, der die Buben faszinierte. Hatte er gerade ein Freispiel gewonnen und musste zur Messe, verkaufte Günter das Freispiel. »So hat alles begonnen«, erzählt er heute. Von den Maschinen kam er nicht mehr los: Die erste Lehrlingsentschädigung während seiner Ausbildung zum Radio- und Fernsehtechniker investierte er in die erste eigene Jukebox, das war 1976. Knapp 20 Jahre sollte es bis zum ersten selbst ersteigerten Flipper dauern. Heute besitzt Günter Freinberger 572 Flipper und 72 Jukeboxen, es ist die größte Sammlung Europas. Die ganze Welt hat der Sammler schon in Sachen Flipper bereist, dabei geht es ihm nicht um die Menge, sondern um die Qualität seiner Geräte. »Jeder Flipper ist ein Stück Zeit- und Kulturgeschichte«, erklärt der ehemalige Ministrant. Die eigene Elektrofirma hat er mittlerweile verkauft, um sich ganz seiner Sammlung zu widmen. Diese enthält die kleinsten, größten, ältesten und ungewöhnlichsten der bunt leuchtenden Maschinen. Sie erlaubt es auch dem Laien, Schritt für Schritt in diesen womöglich übersehenen Teil der Kulturgeschichte vorzudringen und selbst zu entdecken, wie sehr sich etwa die jeweiligen Helden auf der Maschinenoberfläche im Lauf der Jahre ändern.

Die Flipper sind aber natürlich nicht zum Anschauen gemacht, sondern zum Spielen – falls man diesen durchaus ernsthaft betriebenen Sport denn ein Spiel nennen kann. »70 Prozent Geschick, 30 Prozent Glück«, beschreibt der Experte das Verhältnis zwischen Glück und Können bei Laien. Der Unterschied zu Profis? »Beim Profi gibt's kein Glück.«

Adresse Hauptstraße 15, 3244 Ruprechtshofen, Tel. 07256/770770 | **Anfahrt** Über die A 1 bis Loosdorf, danach auf der L 106 bis St. Leonhard / Forst, dort über die Wieselburger Straße nach Ruprechtshofen (Wegweiser) fahren. | **Öffnungszeiten** Besichtigung nach Vereinbarung | **Tipp** Fährt man auf der L 105 in Richtung Wieselburg, biegt kurz nach Ruprechtshofen links eine kleine Straße namens »Koth« ab. Oberhalb des Bauernhofes bei Nummer 7 befinden sich die sogenannten »Römerhöhlen«, eine öffentlich zugängliche antike Grabstätte, in der heute die Fledermäuse hausen.

61 Das Badehaus

Ein Hauch Venedig im Mostviertel

Eine der hartnäckigsten Legenden über Ludwig XIV. besagt, der Sonnenkönig habe nur einmal in seinem Leben ein Bad genommen. Das ist zwar Unsinn, doch tatsächlich galt häufiges oder gar tägliches Baden in der Barockzeit als schädlich für die Haut und die inneren Organe. Nicht zur Reinigung, sondern zum puren Vergnügen planschte der König hingegen recht gern mit seiner Mätresse herum und ließ zu diesem Zweck ein heute nicht mehr existierendes Badehaus anlegen, dessen luxuriöse Badewanne einen Meter tief und drei Meter breit war.

Genauso groß ist auch das marmorverkleidete Becken, das Generalfeldmarschall-Leutnant Franz Ferdinand Reichsgraf von Salburg in sein Badehaus einbauen ließ. Der Schlossherr hatte unter Prinz Eugen gegen die Osmanen gekämpft, war danach Gesandter in Venedig geworden und gestaltete nach seiner Rückkehr das familieneigene Renaissanceschloss im venezianischen Stil um. Gegen 1700 ließ er auch ein Badehaus nach norditalienischem Vorbild errichten. Nur drei solcher Badehäuser existieren heute noch nördlich der Alpen: in Kassel, Nymphenburg und eben hier bei Haag im Mostviertel.

Das zum Park hin geöffnete, der Lebensfreude gewidmete Haus präsentiert sich nach außen hin als Tempel mit einem mächtigen, auf Säulen ruhenden, dreieckigen Giebel. Die dahinterliegende »Sala terrena« wirkt hingegen wie eine Grotte: Reichlich Stuck, Tuffgestein, Muscheln und buntes Glas an der gewölbten Decke regen heute noch die Phantasie an – wenn das Dekor schon so üppig war, wie sinnlich müssen hier einmal die Feste ausgefallen sein! Die drei Räume im Inneren des Hauses sind mit bunter, in den 1990er Jahren mustergültig restaurierter Trompe-l'Œil-Architekturmalerei ausgestaltet. Wem die Badewanne im mittleren Zimmer heute klein vorkommt, der denke an den Sonnenkönig: Der hätte sie groß genug gefunden, mehr braucht es nicht.

Adresse Salaberg 34, 3350 Salaberg | Anfahrt Über die B 42 erreichbar, der Zugang erfolgt über den Tierpark. | Öffnungszeiten Besichtigungen sind im Rahmen von Führungen gegen Voranmeldung möglich: gutsverwaltung@salaberg.at | Tipp Freilichtmuseen sind immer eine etwas zweischneidige Angelegenheit, da die dort wiederaufgebauten Häuser natürlich am originalen Ort fehlen. Unbedingt sehenswert ist das kleine Museumsdörfchen im Zentrum von Haag aber trotzdem (Bahnhofstraße 159, 3350 Haag).

62 Die Gottesmuttermilch

Wenn Mythen wandern und Mönche träumen

Dass es sein unehelicher Sohn einmal schwer haben würde, ahnte Zeus voraus. Er ließ den Säugling daher an der Brust seiner eifersüchtigen Frau Hera nuckeln, während diese schlief. Herakles erwischte genug von der göttlichen Milch, um für den Rest seines Lebens über Superkräfte zu verfügen, doch dann erwachte die Göttermutter. Sie stieß das fremde Kind in hohem Bogen von sich. Die Milch spritzte ihm nach und zog eine Spur über den Himmel, die wir heute noch Milchstraße nennen.

Das Motiv der Milch aus Göttinnenbrust, die besondere Kräfte verleiht, hatten die Griechen von den Ägyptern: Bei denen ist es die Muttergöttin Isis, die den Horusknaben stillt. Pharaonen ließen sich gern an dessen Position darstellen. Auch der mittelalterliche Mystiker Bernhard von Clairvaux war mit den alten Mythen vertraut. Der machtbewusste Mönch beschrieb eine Vision, in der ihm die Gottesmutter Maria höchstpersönlich Milch aus ihrer Brust in den Mund träufelte, was seine besondere Beredsamkeit erkläre. Womöglich war die Milch ja sauer, denn Bernhard verwendete seine Gabe schlecht: Er rief zum Kreuzzug ins Heilige Land und gegen die Wenden auf, forderte die Ausrottung der Katharer und ließ nichts unversucht, um seinen Konkurrenten Abaelard als Häretiker auf den Scheiterhaufen zu bringen.

Ein aus Oberösterreich stammender Altar in der Sarlinger Veitskirche zeigt das als »Lactatio Bernardi« bekannte Motiv, das Maria in eine Reihe mit den antiken Gottheiten Isis und Hera stellt. Der Altar ist etwas zu groß für die bescheidene, uralte Kirche und passt doch genau hierher: So wie die ihre Milch verspritzende Gottesmutter beruht auch der Kirchenbau selbst auf einer älteren Tradition. Auf dem Hügel hoch über einer weiten Donauschlinge stand wohl schon ein römisches Heiligtum, wie die drei antiken Altäre zeigen, die hier ausgegraben wurden. Wie ein Wink mit dem antiken Zaunpfahl lehnen sie heute an der Südwand der Kirche.

Adresse Veitsbergstraße 12, 3374 Sarling | **Anfahrt** Über die B 1 (Linzer Straße) erreichbar. Der Weg über Sarling- und Berglandstraße ist gut beschildert. | **Öffnungszeiten** Besichtigung gegen Voranmeldung bei Familie Lunzer, Tel. 0664/3441672 oder 0741/258013 | **Tipp** Von der B 25 Richtung Ybbs biegt eine Straße nach rechts ab, die zum Donauspitz führt – einem schönen Aussichtspunkt, an dem die Stadt Ybbs, Donaukraftwerk und Schloss Persenbeug sowie die Sarlinger Kirche in den Blick kommen.

63 Das Zisterzienserschloss

Mit dem Zug durchs Kloster

Erstaunlich, dass überhaupt noch etwas übrig ist von Stift Säusenstein. Das 1336 gegründete Zisterzienserstift gelangte im Mittelalter zu Macht und Ansehen, danach ging es bergab: Die Türkenbelagerungen, der Dreißigjährige Krieg und ein Abt, der mit der Kasse durchbrannte, sorgten für den wirtschaftlichen Niedergang, ein Großbrand tat sein Übriges. Kaum war das Stift als barocker Prachtbau wiedererstanden, ließ es Joseph II. säkularisieren. Was von der Einrichtung noch übrig war, plünderten die Franzosen wenig später und setzten dann auch noch die Kirche in Brand. Das schwer beschädigte Gebäude wechselte mehrmals den Besitzer und wurde als Steinbruch verwendet. Zu allem Überfluss führte die Trasse der neu errichteten Westbahn mitten durch den Westflügel, der abgerissen wurde. Die Nationalsozialisten machten eine landwirtschaftliche Versuchsanstalt aus den noch vorhandenen Resten, die Sowjetarmee verbesserte deren Zustand nicht.

1979 erwarb die Künstlerin und christliche Mystikerin Luise Wittmann die Ruinen und begann in Eigenregie mit der Restaurierung. Das Stift wurde Zentrum einer von ihr gegründeten spirituellen Gemeinschaft.

Heute präsentiert es sich als Gesamtkunstwerk in progress: Heinz Silberbauer, ein ehemaliger Schüler Luise Wittmanns, setzt als ihr Nachfolger die Arbeit im und am Stift fort. Das Sommerrefektorium, dessen Decke ein verblasster Sowjetstern ziert, ist vorbildlich restauriert. Gotische Fresken konnten bisher nur teilweise freigelegt werden, zeugen aber von der Bedeutung Säusensteins im Mittelalter. Die Innendekoration wurde soweit vorhanden originalgetreu wiederhergestellt, größtenteils aber von Luise Wittmann und ihren Schülern neu geschaffen.

Zahlreiche Trakte sind noch im ruinösen Nachkriegszustand und werden schrittweise saniert. Stift Säusenstein wird noch viele Jahre lang eine der faszinierendsten Baustellen des Landes bleiben.

Adresse Schlossstraße 14, 3342 Säusenstein, www.stiftsaeusenstein.at | Anfahrt Über die A 1, Ausfahrt Ybbs, dann weiter in Richtung Krummnußbaum fahren. | Öffnungszeiten Besichtigung nach Voranmeldung über office@stiftsaeusenstein.at | Tipp Die dem heiligen Donatus geweihte Pfarrkirche von Säusenstein wirkt besonders leicht und heiter, wofür unter anderen Johann Wenzel Bergl und Paul Troger verantwortlich sind. Der schönste Weg auf den Kirchenberg führt über die Brunnengasse und die Stufen durch den kleinen Park.

64__Die Geister

Block- und Ghostbuster im alten Gemäuer

Bestimmt ist die Frau belächelt worden, als sie erzählte, jemand habe ihr in der menschenleeren Kapelle über den Kopf gestreichelt. Für Kopfschütteln sorgte eine andere, die nach einer Übernachtung im Gerichtsstöckel nicht zum Frühstück erschien und völlig verstört in einem Kasten versteckt gefunden wurde. Eine weitere Besucherin behauptete nach ihrem Sturz über die Stiegen, gestoßen worden zu sein. Dabei war da gar niemand. Zufälle, Einbildung, Ausreden?

Nicht für die Geisterforscher, die im Jahr 2006 nach einer Serie von unerklärlichen Vorkommnissen die Geheimnisse der Schallaburg ergründen wollten. Sie maßen extreme Temperaturunterschiede am Gemäuer, kämpften mit plötzlich verrücktspielenden Geräten und hörten einen markerschütternden Schrei aus dem Hungerturm, in dem einst zahlungsunfähige Schuldner einem grausamen Tod überlassen wurden.

Für viele steht fest: Auf der in der Renaissance zum Schloss ausgebauten Burg, die für ihren Innenhof und dessen einzigartige, mit Terrakottafiguren verkleidete Arkaden bekannt ist, spukt es. Kein Wunder, dass es angesichts der vielen Besucher zu unliebsamen Begegnungen kommt: Seit sie in den 1970er Jahren renoviert wurde, nützt das Land Niederösterreich die Burg für Blockbuster-Ausstellungen. In einer davon ging es um die Geheimnisse Tibets. Während der Ausstellung trat ein tibetischer Mönch auf einen Aufseher zu und sagte ihm unvermittelt: »Du reinigst die Burg.« Immer wieder trifft dieser Aufseher seither bei seiner Arbeit auf Zeugen der düsteren Vergangenheit.

Einer der Geister der Schallaburg ist aber auch tagsüber für jedermann gut sichtbar: das Hundefräulein, ein Mädchen mit Hundekopf, das die Frau eines Burgherrn gebar, nachdem dieser einen frevlerischen Schuss auf ein Kruzifix abgefeuert hatte. Ihr Terrakotta-Abbild im Arkadenhof erinnert alle, die sich darauf einlassen wollen, an die dunkle Seite des strahlenden Renaissanceschlosses.

Adresse Schallaburg 1, 3382 Schallaburg, Tel. 02754/63170 | Anfahrt A 1, Ausfahrt Loosdorf. Der Weg zur Burg ist gut beschildert. | Öffnungszeiten Mo–Fr 9–17 Uhr, Sa, So, Feiertag 9–18 Uhr | Tipp Der Hiesberg mit seinen ungewöhnlichen Gesteinsformationen ist ein lohnendes Ausflugsziel in unmittelbarer Nähe. Broschüren mit Wanderrouten erhalten Sie in den Gemeindeämtern von Zelking oder St. Leonhard am Forst.

65 Das Mausoleum

Das zerschlagene Imperium

Unzählige »Hämmer« mit ihren markanten Rauchfängen sowie stattliche Bürgerhäuser machen heute noch den Reiz der Eisenwurzen aus. Sie zeugen von der großen Vergangenheit der kleinteiligen Eisenindustrie, deren Niedergang im 19. Jahrhundert begann, als die Region abseits der großen Handelsrouten zunehmend von neueren Entwicklungen abgehängt wurde. Dabei gab es auch hier Großindustrielle: Allen voran Andreas Töpper, der markante Wahrzeichen wie die Töpperbrücke bei Kasten, das Töpperkreuz auf dem Gipfel des Dürrensteins oder das Töpperschloss in Neubruck hinterließ.

Töpper, dessen Vater erfolgreich Sparherde entwickelte, wanderte als Schmiedegesell durch die Steiermark, ehe er eine Methode fand, Eisenblech besonders dünn auszuwalzen. Er eröffnete in Trofaiach das erste Walzwerk der Monarchie, das sogar die Neugier Erzherzog Johanns weckte.

1817 kaufte Töpper ein Hammerwerk an der Mündung des Jessnitzbachs in die Erlauf und errichtete auf dessen Gelände das erste einer Reihe von Eisenwalzwerken, die ihn zum größten Privatunternehmer der gesamten Donaumonarchie machten und der zunehmend an Dynamik verlierenden Region zu neuem Aufschwung verhalf. Töpper beschäftigte in seinen Werken zwischen Scheibbs und Lunz bis zu 800 Arbeiter und blieb bis ins hohe Alter in seinem Unternehmen aktiv. Er bewies soziales Engagement und hielt zu seinen Arbeitern, für deren soziale Absicherung er in St. Anton eine »Bruderlade« einrichtete und finanzierte.

Nach seinem Tod begann der Niedergang des Töpper'schen Firmenimperiums, zu dem eine Weltwirtschaftskrise beitrug. Nichts ist heute mehr davon übrig. Selbst der Friedhof, auf dem Töppers Nachkommen dem bedeutenden Unternehmer und seiner Familie ein prachtvolles Mausoleum errichten ließen, besteht nicht mehr: Er wurde 1968 in einen Park umgewandelt, in dem nur das einsame Mausoleum an die große Vergangenheit erinnert.

Adresse St. Georgener Straße 12, 3270 Scheibbs | Anfahrt Der Töpperpark liegt im Zentrum der Stadt, direkt an der B 29 (Manker Straße). | Tipp Die ehemalige Bruderlade in St. Anton an der Jeßnitz ist heute ein sehenswertes kleines Museum, das sich der Sozialgeschichte der Gegend und insbesondere dem sozialen Engagement Andreas Töppers widmet (St. Anton an der Jeßnitz 12, 3283 St. Anton an der Jeßnitz, geöffnet Mo–So 8–18 Uhr, Tel. 07482/48240).

66 Die Schützenscheiben

Sie wollen ja nur spielen

Jeder kann einmal etwas vergessen. Dass eine Stadt vergisst, Stadt zu sein, kommt aber recht selten vor. Seit 1352 hat Scheibbs das Stadtrecht, nannte sich aber jahrhundertelang »Markt« – sodass es 1926 tatsächlich zu einer zweiten Stadterhebung kam. Zumindest literarisch verspottet wurden die Scheibbser aber weniger wegen ihrer Vergesslichkeit als wegen eines angeblichen Gesuchs beim Kaiser um einen »zweiten Dienstag«. Fritz von Herzmanovsky-Orlando veröffentlichte darüber eine Satire, in der Gelehrte fürchten, »dass die Stadt damit in eine andere Zeitrechnung treten und von der Erdrinde abheben könnte«. Dabei wurde nur – etwas ungeschickt formuliert – um das Recht auf einen zweiten Markttag angesucht, da der jeden Dienstag abgehaltene Wochenmarkt aus allen Nähten platzte.

Doch Vorsicht: Wenn für die Scheibbser einmal Schluss mit lustig ist, werden sie ungemütlich. Zweimal verteidigte sich die Stadt erfolgreich gegen die einfallenden Osmanen. 1568 gründeten die Bürger der Stadt, die keine sein wollte, die »Scheibbser Schützengmein«, eine heute noch bestehende Schützengilde.

Anders als etwa in Tirol bildeten die Scheibbser Schützen keine paramilitärische Miliz, stets blieb der Wettkampf um den zielgenauesten Schuss im Vordergrund. Einen Einblick in diese jahrhundertealte Tradition bietet das Scheibbser Schützenscheibenmuseum, das größte seiner Art, in dem ein Teil der Sammlung von 243 Schützenscheiben präsentiert wird. Es sind oft kunstvolle Bilder, ergänzt durch witzige Sprüche, die man hier trotz zahlreicher Einschusslöcher noch bewundern kann. Etwas irritierend könnte man finden, dass auch Porträts honoriger Persönlichkeiten wie Andreas Töpper oder sogar Maria Theresia Schützenscheiben zierten, auf die man danach schoss. Im Museum werden etwaige kritische Geister an den Wahlspruch der Schützen erinnert: Ludimus non laedimus – »Wir spielen, doch wir schaden nicht«.

Adresse Rathausplatz 10, 3270 Scheibbs | **Anfahrt** Scheibbs liegt an der B 25, das Museum ist im Zentrum der Stadt, schräg gegenüber dem Rathaus. | **Öffnungszeiten** Führungen gegen Voranmeldung, Tel. 07482/425110 | **Tipp** Sehenswert ist in Scheibbs auch das Keramikmuseum, dessen 2.500 Ausstellungsstücke aus der Zeit des Jugendstils in Scheibbs hergestellt wurden (Erlafstraße 32, 3270 Scheibbs. Tel. 07482/42267).

67 Die Siebenschläferkirche

Lasst die Nager zu mir kommen!

Es gibt bestimmt einen Weg von Betlehem nach Ägypten, der über das Pielachtal führt. Der ist zwar sicher nicht der kürzeste, doch sollen Josef, Maria und Jesus genau diese Route gewählt haben, um sich vor den Häschern des Herodes in Sicherheit zu bringen. So will es zumindest die Sage um einen hufeisenförmigen Stein unterhalb des hölzernen Kirchleins von Schwarzenbach, der eine Hufspur des Esels der Heiligen Familie darstellen soll.

Entstehungsgeschichte Nummer zwei, ein Adeliger habe die Kapelle wegen seiner Rettung nach einem Jagdunfall gestiftet, klingt da schon glaubwürdiger. Eine weitere Erklärung für den Standort ist ein vermutetes prähistorisches Heiligtum im Bereich der beiden Höhlen, an denen man auf dem Weg vorbeikommt.

Warum auch immer hier mitten im Wald eine hölzerne, im Jahr 1700 erstmals erwähnte Kirche steht: Sie ist ein guter Grund für eine Fahrt ins abgelegene Dorf Schwarzenbach, von wo aus eine alte Pilgerroute Richtung Mariazell an der Kirche vorbeiführt. Da diese alle paar Jahrzehnte renoviert wurde, ist sie weder biblisch alt noch so barock, wie es ihr ursprüngliches Erbauungsdatum vermuten lassen würde.

Doch sie verfügt über ein Alleinstellungsmerkmal: Zahlreiche Siebenschläfer haben sich häuslich in ihr eingerichtet. Harrt man im Sommer still im Kircheninneren aus, sieht man die possierlichen Nager zwischen den zahlreichen Bildern umherklettern und -springen. Manchen gelten sie als gute Hausgeister, da sie mit den heiligen sieben Schläfern in Verbindung gebracht werden: Es handelt sich um sieben Christen aus Ephesus, die unter Kaiser Decius in eine Höhle eingemauert wurden. Sie starben nicht, sondern schliefen ein und erwachten 200 Jahre später, als Christen nicht mehr gefährdet waren. Sie gelten als Helfer gegen Schlaflosigkeit, ihr Feiertag ist der 27. Juni. Da sind auch ihre kuscheligen Namensvettern wach.

Adresse Schwarzenbachgegend, 3212 Schwarzenbach an der Pielach | Anfahrt Über die B 20 oder B 39. Die beim Isbary-Bioland rechts abzweigende Straße Schwarzenbachgegend endet bei einem Parkplatz. Über einen gut markierten Wanderweg 30 bis 40 Minuten Gehzeit. | Tipp Besuchen Sie die Kirche möglichst am Donnerstag und bringen Sie eine Kühltasche mit: Da werden in den Fischteichen beim Parkplatz »Pielach-Ursprung-Saiblinge«, PiUS genannt, gefischt und können direkt gekauft werden. Informationen, auch über Lieferungen: Tel. 0699/12349806 (Oliver Bures).

68 Die Rekord-Ostereier

Mit Lebensfreude an die Weltspitze

Druck kann Helga Schmid nicht leiden. Es kann schließlich nichts Gutes herauskommen, wenn man zu etwas gezwungen wird. Außerdem hat sie ohnehin genug zu tun mit den Dingen, die ihr Freude machen. Dem Anmalen von Ostereiern zum Beispiel, die sie das ganze Jahr über mit raschem Pinselstrich mit den verschiedensten Motiven verziert. 4.515 Stück waren es allein vom 1. Jänner bis zum 15. Februar 1999. Das hat vor ihr in so kurzer Zeit noch niemand geschafft, wie das Guinnessbuch der Rekorde bestätigt.

Ganz freiwillig hat sie aber gar nicht mit dem Verzieren von Eiern begonnen. Als sie in den 1970er Jahren auf den schönen alten Bauernhof im Pielachtal »hergeheiratet« hat, waren sie und ihr Mann verschuldet. So kam Helga, die das Zeichnen und Malen schon immer geliebt hatte, auf die Idee, bemalte Eier auf dem Markt zu verkaufen – mit durchschlagendem Erfolg. Mittlerweile wäre ihr das Bemalen der immer gleichen Hühnereier dennoch zu langweilig: Inzwischen verziert sie in hohem Tempo und mit ganz unterschiedlichen Techniken auch Eier von Gänsen, Straußen, Wachteln, Emus, Kasuaren und sogar Achatschnecken. Aus Enten- und Puteneiern fräst sie kleine Puppenwägelchen. Auch die Dirndlfrüchte, die in langen Reihen hinter ihrem Hof wachsen, bringen die »Weltrekord-Ostereiermalerin« auf neue Ideen. Sie kombiniert sie als Fruchtaufstrich mit Brombeeren, Birnen, Heidelbeeren oder Ribiseln, verarbeitet sie zu Saft, Schnaps oder Saucen. Und sie wäre nicht Helga Schmid, wenn sie es beim Verarbeiten der Früchte belassen würde: Auch aus den getrockneten Kernen gestaltet sie kleine Kunstwerke und Schmuckstücke.

Man muss eben Freude an den kleinen Dingen haben können und den richtigen Blick dafür entwickeln, erklärt die vielseitig begabte, vor Ideen und Schaffensdrang sprühende Altbäuerin. Keinen Satz sagt sie so häufig und dabei so über das ganze Gesicht strahlend wie: »Des taugt mir voll.«

Adresse Schwerbachgegend 31, 3204 Schwerbachgegend | Anfahrt Aus St. Pölten kommend etwa drei Kilometer nach Kirchberg an der rechten Straßenseite. | Öffnungszeiten Besichtigung nach Voranmeldung unter Tel. 0650/3860096 | Tipp Kirchberg verfügt über ein sehenswertes, 2019 runderneuertes Modellbahnmuseum – wer es nach allen Regeln der Kunst besuchen möchte, reist natürlich mit der Mariazellerbahn an (Bahnhofstraße 9, 3204 Kirchberg an der Pielach, Tel. 02722/20377 oder 02722/7309, www.bahnimbahnhof.at).

69 Das Schloss der Dichterin

Vom Raubritternest zur protestantischen Hochburg

So eine Burg steht ja nie zufällig dort, wo heute meist nur noch ihre Reste erhalten sind. Die einen untermauern weithin sichtbar einen Herrschaftsanspruch, andere dienten gut versteckt als schwer zugänglicher Zufluchtsort öffentlichkeitsscheuer Besitzer – kein unerheblicher Unterschied. »Seisenegg ist die einzige Höhenburg Österreichs, die man von nirgendwo sieht«, erklärt der aktuelle Burgherr die Besonderheit des Gebäudes, »und sie liegt an der einzigen Straße zwischen Wien und Salzburg.« Der Zweck der prominent auf einem Felsen platzierten, aber aus der Ferne einst unsichtbaren Anlage ist leicht erklärt: Die Burgherren kassierten von den Durchreisenden die Maut. Von der auf Stützen errichteten Autobahn, die heute Tausenden im Vorbeifahren einen hervorragenden Blick auf die Burg ermöglicht, wussten sie freilich noch nichts.

1303 erwarben und erweiterten die über den Verdacht des Raubrittertums erhabenen Herren von Walsee die Burg, in der Barockzeit wurde sie zum Wohnschloss. Ihre prominenteste Bewohnerin war Catharina Regina von Greiffenberg, die bedeutendste österreichische Lyrikerin der Epoche. Ein Figurengedicht in Kreuzform zählt zu ihren bekannteren Werken. Greiffenberg war eine glühende Protestantin und versuchte selbst den Kaiser zu bekehren, zur Zeit der Gegenreformation kein ungefährliches Unterfangen. Nach Nürnberg ging sie schließlich aber nicht aus religiösen Gründen: Ihr Onkel, Vormund und späterer Ehemann Hans Rudolf wirtschaftete schlecht und musste Seisenegg verkaufen. Die Schreibstube der dichtenden Schlossherrin ging mitsamt der wertvollen Bibliothek bei einem Teileinsturz verloren.

Ein Bilderzyklus der Mostviertler Malerin Sieglinde Layr holt die weitgehend in Vergessenheit Geratene heute zumindest symbolisch nach Seisenegg zurück, dessen wechselvolle Geschichte bei einem geführten Rundgang wieder lebendig wird.

Adresse Seisenegg 1, 3322 Viehdorf | Anfahrt A 1 Abfahrt Amstetten Ost, weiterfahren in Richtung Amstetten – St. Georgen/Ybbsfelde – Seisenegg. | Öffnungszeiten Besichtigung auf Anfrage unter Tel. 0664/4244944 | Tipp Das nahe Schloss Freydegg wurde vom protestantischen Adeligen Reichard Streun von Schwarzenau im 16. Jahrhundert zum bedeutendsten Renaissanceschloss Niederösterreichs ausgebaut. Später verfiel die Anlage und wurde größtenteils abgetragen, ein Turm und romantisch überwucherte Reste sind noch übrig (Freidegg 22, 3325 Ferschnitz).

70 Der Hofgarten

Bete und gartle!

Ganz unpassend war es ja nicht, dass man den alten Hofgarten des Benediktinerstifts Seitenstetten als Acker benützte – schließlich hatte man genau hier im Jahr 1621 die ersten Kartoffeln Österreichs angebaut. Dass sich deren angebliche Originalbezeichnung »Opanavuck« nicht durchsetzen würde, ahnte der damalige, botanisch interessierte Abt Kaspar Plautz schon, er schrieb damals das erste Erdäpfelsalatrezept Österreichs nieder.

Dennoch wollte der 1984 gewählte Abt Berthold Heigl den Zustand des jahrhundertealten Gartens so nicht mehr hinnehmen: Teils verwildert, teils zum Acker geworden, entsprach er in keiner Weise mehr dem Abbild des Paradieses, in dem die Benediktinermönche einen ihrer beiden Grundsätze »ora et labora«, also »Bete und arbeite!« verwirklichen sollten. So hatte es Benedikt von Nursia bereits im Jahr 529 vorgeschrieben.

»Et lege«, also »und lies« lautet eine Erweiterung des Wahlspruchs, und tatsächlich kann man sich heute im wiedererstandenen Gartenparadies kaum sattlesen an den vielen Erläuterungen, die den Aufenthalt in dem in verschiedene Bereiche unterteilten Garten nicht nur erholsam, sondern auch überaus lehrreich machen. Eine bisher nicht bekannte Ordensregel, nämlich »et cocina« (und koche), dürfte dabei eine wichtige Rolle gespielt haben, so anregend sind die vielen Tipps, von den richtigen Zutaten für eine »Unkrautsuppe« bis zu den passenden Minzsorten für verschiedene Cocktails und Liköre.

Egal, ob man sich im Barock- oder im Rosengarten an der wieder gepflegten barocken Gartenkunst erfreut, im Kräutergarten Ideen für den Aperitif sammelt, die mannigfaltigen Möglichkeiten des Nutzgartens mit dem Platzangebot im eigenen Gemüsebeet abgleicht, im Kreativgarten an einem Yogakurs teilnimmt oder sich einfach zwischendurch irgendwo ins Gras legt: Dass man Gott nicht in der Kirche, sondern im Garten am nächsten ist, wird in Seitenstetten einmal mehr bewiesen.

Adresse Waidhofner Straße 4, 3353 Seitenstetten | Anfahrt Über die B 122 (Voralpenstraße) erreichbar. In Seitenstetten den Wegweisern zum Stift folgen. | Öffnungszeiten März – Nov. täglich 8 – 20 Uhr (witterungsbedingte Änderungen möglich, Informationen unter Tel. 07477/423000) | Tipp Im benachbarten Biberbach führt ein Rundweg zum Karl-Lammerhuber-Blick – besonders zur Zeit der Mostbirnblüte im April zu empfehlen (Gerhartsberg, 3353 Biberbach). Der markierte Rundweg beginnt bei der Wiesmühle südwestlich von Biberbach, Gehzeit etwa eine Stunde 45.

71__Der Lehrpfad

Nicht für die Schule, sondern für das Leben

Wie schön wäre es doch manchmal, wieder in die Schule gehen zu dürfen. Vor allem, wenn dort Themen wie »Fisch und Wein« auf dem Lehrplan stehen. Die Schülerinnen und Schüler der Höheren Bundeslehranstalt für Land- und Ernährungswirtschaft im alten Renaissanceschloss von Sitzenberg-Reidling sind wohl nicht nur wegen des atemberaubenden Blicks aus den Fenstern ihrer Lehranstalt zu beneiden, sondern auch wegen der interessanten Projektarbeiten, die dort offenbar zu absolvieren sind.

Hoch ist es den Absolventen des Jahrganges 2003/2004 anzurechnen, dass sie auch Außenstehende mitlernen lassen: Es waren Schüler dieses Jahrgangs, die rund um den Sitzenberger Schlossteich einen sogenannten »Karpfenlehrpfad« angelegt haben. Auf diesem lässt sich sozusagen im Vorbeigehen allerhand Wissenswertes über diesen typisch österreichischen Speisefisch mitnehmen. Zum Beispiel die Tatsache, dass er eigentlich aus China kommt und erst nach einer Zwischenstation bei den alten Römern auch in unseren Breiten heimisch wurde. Aus denen ist er seit dem Mittelalter aber nicht mehr wegzudenken, und das aus gutem Grund: Während etwa Forellen und andere Lachsartige mit viel Protein gefüttert werden müssen, um eine vernünftige Portionsgröße zu erreichen, begnügt sich der Karpfen mit pflanzlicher Nahrung. Obendrein ist er gesund, leicht verdaulich sowie cholesterin- und fettärmer als etwa Geflügelfleisch.

Praktisch anwenden lässt sich das frisch erworbene Wissen über Fisch und Wein später in der Sitzenberger Kellergasse, an heißen Tagen lockt auch die Gelegenheit zum Sprung in den Karpfenteich. »Chillen geht hier wunderbar – nicht nur für Frösche und Kröten« steht schließlich auf einer Tafel unweit der Liegewiese. Wer genau aufgepasst hat, zögert womöglich, denn ein paar Schritte zuvor stand zu lesen: »Tausende Mücken dienen als Nahrung für viele selten gewordene Vögel.«

Adresse Schlossteich direkt unterhalb des weithin sichtbaren Schlosses, 3454 Sitzenberg | **Anfahrt** Über die B 43 (Traismaurer Straße), eine Parkmöglichkeit gibt es beim Kriegerdenkmal an der Kreuzung mit der Sitzenbergstraße. | **Tipp** Wer sein erworbenes Wissen noch auf Feuchtgebiete, Auwälder und deren Bewohner wie den Zilpzalp ausdehnen möchte, folge den Tafeln des Biodiversitäts-Lehrpfades, der ebenfalls am Schlossteich beginnt, aber noch ein paar Schritte weiter nach Westen führt.

72 Das Augenbründl

Tiere bitte draußen warten

Bei allem Respekt vor den jeweils dafür zuständigen Heiligen: Die große Zahl an sogenannten »Augenbründln«, die man nicht nur im Mostviertel findet, sagt wahrscheinlich eher wenig über tatsächlich erfolgte wundersame Heilungen von diversen Augenleiden aus. Sie gibt vielmehr Auskunft über das Leid, das Erkrankungen der Sehorgane in früheren Zeiten ausgelöst haben, über die Hilflosigkeit der damaligen Medizin und über die Sehnsucht von erblindeten oder an häufigen Krankheiten wie dem grauen Star leidenden Menschen, wieder richtig sehen zu können.

An Augenkrankheiten leiden natürlich nicht nur Menschen. »Wenn's den Menschen hilft, wird auch mein Ross wieder sehend werden«, sagte sich im 18. Jahrhundert ein Wallfahrer, der mit seinem blinden Pferd zum berühmten Gotthardibrunnen kam. Dieser hatte die Kirche gleichen Namens reich gemacht: Bis zu fünf Priester waren nötig, um die Pilgerströme zu betreuen. Dank großzügig fließender Spenden und reicher Votivgaben, die zu Geld gemacht wurden, konnte die Kirche im Lauf der Jahrhunderte erweitert und entsprechend ausgestattet werden.

Auch der Mann mit dem blinden Pferd hatte eine Gabe mitgebracht, ein Votivbild mit versilberten Augen. Nach der Behandlung mit dem Heilwasser konnte das Pferd dann tatsächlich wieder sehen, doch der schon zu Lebzeiten für seine Strenge berüchtigte Sankt Gotthard dürfte über die veterinärmedizinische Anwendung seiner Heilkraft nicht erfreut gewesen sein: Er ließ die Quelle versiegen.

Erst Jahre später trat sie ein Stück unterhalb der Kirche wieder hervor. Man baute eine Kapelle über die Quelle, versah sie mit einem Gitter – wahrscheinlich, damit nicht wieder Unbefugte ans heilige Wasser gelangen können – und hängte daran einen Schöpflöffel, den man heute noch an einer Kette zur Quelle hinunterlassen kann, um sich ihr Wunderwasser über die Augen zu gießen. Haustiere unerwünscht.

Adresse 3242 St. Gotthard | **Anfahrt** Von Mank über Kleinzell, Kirnberg und Texing fahren. Die Kapelle mit der Heilquelle befindet sich in der Mitte des Hanges unterhalb der Kirche. | **Tipp** Von der Kirche aus erreicht man zu Fuß in etwa einer Stunde 15 die Grüntalkogelhütte, von der man weit über das Alpenvorland blickt.

73_Die Greißlerei

Gemischtwarenhandlung als Kreativitätskatalysator

Durchs Reden kommen die Leut z'samm. Das sagt sich so leicht, doch kaum jemand hat den alten Spruch so gründlich verstanden wie Barbara Bürgmayr-Posseth.

Als die gelernte Köchin nach gastronomischen Wanderjahren in ihre Heimatregion zurückkehrte, war sie begeistert von der Vielfalt an außergewöhnlichen Lebensmitteln, die rund um St. Leonhard hergestellt werden, vom Straußenei bis zum Biohanf. Allerdings werkte jeder der vielen Produzenten allein vor sich hin. An Möglichkeiten zum Austausch mangelte es auch im Ort, der wie so viele mit Leerstand im Zentrum kämpfte.

Wo andere ein Problem sehen würden, sah die geborene Netzwerkerin Barbara Potenzial: Versteht man es nämlich, lose Enden auf die richtige Weise zu verknüpfen, entsteht mehr als einfach nur ein Knoten – dann kommen Energie und Kreativität ins Fließen. Und genau das passiert auch in dem schlicht »d'Greißlerei« genannten Lokal, das Barbara im Frühjahr 2016 gemeinsam mit dem Biobauern Michael Hörmann eröffnete. Diese Greißlerei ist zunächst ein Bauernladen, wie er schöner nicht sein könnte. Man kauft bio und so verpackungsfrei wie möglich ein, das Sortiment stammt aus der unmittelbaren Umgebung und deckt sowohl für den alltäglichen Bedarf als auch für spontanen hohen Besuch schlicht alles ab. Dazu bietet die Greißlerei Mittagstisch und Take-away, zwischendurch ist sie ein Kaffeehaus.

In der Greißlerei treffen sich aber auch die Produzenten. Dabei kann es knistern und funken, und schon entsteht Neues: Einer hat Grieß, eine andere Brucheier – jetzt machen sie gemeinsam Nudeln. Die einen haben Bratwürstel, ein anderer findet, da fehlt der Senf – und macht ihn gleich selbst. Oder man plaudert zu viert und stellt fest, dass der eine Dinkelreis herstellt, die andere Rohmilch, der nächste Schokoladenhanf und wieder eine andere Fruchtmark. Wie das alles gemeinsam im Becher schmeckt, das wissen die Kunden der Greißlerei.

Adresse Hauptplatz 6, 3243 St. Leonhard am Forst, Tel. 0664/1770089 | **Anfahrt** Über die A 1, Ausfahrt Loosdorf, dann den Wegweisern folgen. | **Öffnungszeiten** Mo–Fr 7–18 Uhr, Sa 8–12 Uhr | **Tipp** Nördlich von St. Leonhard liegt in einer scharfen Schleife der Mank der Sängerstein (Thal 7, 3243 Thal). Im Mittelalter war der markante Felsen bei Minnesängern beliebt, heute zieht er Sportkletterer an. Es gibt aber auch einen Weg für jedermann, die Aussicht ist großartig.

74 Die einsamsten Gipfel

Pilgerorte für Individualisten

An heiligen Bergen, Kraftorten, keltischen, römischen, slawischen oder sonstigen Kultplätzen besteht im Mostviertel kein Mangel. Und auch wenn nicht alles, was darüber geschrieben wird, hieb- und stichfest sein dürfte: auf so einem Hügel zu stehen und von dort oben hinunterzuschauen, das kann ein ganz schön erhebendes Gefühl sein.

Das finden andere natürlich auch, und da dort oben ja meistens nicht viel Platz ist, bekommt man manchmal das Gefühl, zwischen Kirche, Gartenzaun, Wirtshaus, Grillplatz und Carport den Bauch einziehen zu müssen, um niemandem in die Quere zu kommen. Wenn dann auch noch eine Wallfahrergruppe eintrudelt, was nicht selten vorkommt, wäre man lieber noch eine Etage weiter oben.

Selbst das ist manchmal möglich, zum Beispiel in St. Leonhard am Walde, wo die Taxifahrer ihre Wallfahrtskirche haben: Die steht nämlich nicht am höchsten Punkt des Berges. Ein gutes Stück weiter oben bietet ein einsames Gipfelkreuz, das nur querfeldein zu erreichen ist, einen noch weiteren Blick als der Ort ohnehin schon. Eine Holzbank steht dort neben einem Lothringerkreuz, und meist hat man diesen Platz für sich allein.

Wem selbst das noch zu nahe am Getümmel ist, der oder die wird auf dem nahen Wiesberg zufrieden sein: Auch dieser einsame Gipfel ist nur über einen schmalen Trampelpfad zu erreichen, auch dort kann man sich am Ausblick kaum sattsehen. So ruhig wie heute war es dort freilich nicht immer, erfährt man dank einer Infotafel: Dort steht zu lesen, dass die Kelten hier einst Tanzfeste feierten, woraus auch immer man das schließen kann.

Nun denn: Wer tanzen will, soll eben tanzen – es schaut außer ein paar Kühen eh niemand zu, und die Kulisse ist großartig. Einen solchen Platz, so leicht erreichbar und doch so fern vom sonst leider häufigen Mostviertler Gipfel-Trubel, genießt eben jeder am besten auf seine Weise.

Adresse 3340 St. Leonhard am Walde | **Anfahrt** Von Waidhofen über die Urltalstraße und St. Leonharder Straße nach St. Leonhard. Den Gipfel des Schmiedbergs erreicht man ab dem Haus St. Leonharder Straße 40 über einen Trampfelpfad querfeldein zum gut sichtbaren Gipfelkreuz. Zum Wiesberg-Gipfel gelangt man ab der St. Leonharder Straße 26, auch hier sind ausreichende Wegspuren vorhanden. | **Tipp** Ein paar hundert Meter weiter westlich zweigt die Sankt-Ägyder-Straße von der Sankt-Leonharder-Straße ab – diese bringt Sie zur sehenswerten Ägidiuskirche und dem dazugehörenden Augenbründl.

75 Der Mostpudding

Sagen Sie niemals »Kuchen« zu ihm

Der englische »Pudding« stammt vom französischen »boudin« ab, auf Deutsch: Blutwurst. Hierzulande denken bei »Pudding« viele eher an ein wabbeliges Dessert aus dem Päckchen. Mit beidem hat ein Mostpudding nichts zu tun. Dafür aber, wie das englische Original, mit sinnvoller Resteverwertung: Auf der Insel dient altes, in Eiern und Milch eingeweichtes Brot als Ausgangsbasis, im Mostviertel sind es Brösel. Eingeweicht wird der Pudding hierzulande erst nach dem Backen – in Most natürlich, der mit Zimt, Nelken und Zucker gekocht und über den Kuchen gegossen wird. Nichts wärmt an trübkalten Wintertagen das Herz so wunderbar wie ein Mostpudding mit etwas Zimt-Schlagobers – sollte man meinen, denn das ist nur die halbe Wahrheit: Fast noch besser schmeckt er nämlich gut gekühlt im Sommer.

Für die puristische Variante werden sechs Eier getrennt, das Eiklar mit einer Prise Salz zu steifem Schnee geschlagen. Die Dotter mit 200 Gramm Zucker schaumig rühren. 150 Gramm Semmelbrösel, dann den Schnee unter die Masse heben. Bei 160 Grad etwa 45 Minuten backen. Währenddessen einen Liter Most mit Zucker (nach Belieben), Saft und Schale einer Zitrone, einer Stange Zimt und drei Gewürznelken aufkochen, etwa 15 Minuten ziehen lassen. Gewürze entfernen, den Most warm über den Pudding gießen.

Ersetzt man einen Teil der Brösel durch glattes Mehl, wird der Teig feiner. Konditormeisterin Maria Theresia Ettel lässt die Brösel ganz weg – so wird aus dem Pudding ein Schober: Sie schlägt acht Eier mit 400 Gramm Feinkristallzucker, einer Packung Vanillezucker und der geriebenen Schale einer Zitrone sehr schaumig. Danach rührt sie je 0,2 Liter Wasser und Pflanzenöl in die Masse und hebt 500 Gramm glattes Mehl, gemischt mit einer Packung Backpulver, mit dem Schneebesen unter. Die Masse teilt sie in zwei Hälften, füllt sie in kleine, mit Kokosfett ausgeriebene Gugelhupfformen und bäckt diese 45 Minuten bei 170 Grad. Gutes Gelingen!

Adresse Falls Sie nicht selbst backen wollen, empfiehlt sich ein Ausflug zum Gasthof & Konditorei Ettel, St. Leonharder Straße 83, 3340 St. Leonhard am Walde, Tel. 07442/20000 | Anfahrt Von Waidhofen der Urltalstraße ab der Unteren Zellerbrücke etwa sechs Kilometer nach Osten folgen, dann nach links (Wegweiser) in die St. Leonarder Straße einbiegen, dieser bis zum Ortskern folgen. | Öffnungszeiten Mi–Sa 11–18 Uhr, So und Feiertage 10–18 Uhr | Tipp St. Leonhard liegt am Mostviertler Panoramaweg, der vom Hochkogel bis zum Sonntagberg führt. Wer mit leichtem Gepäck wandern will, bestellt einen fertig gepackten Picknickkorb (alle Informationen dazu findet man unter www.panoramahoehenweg.at).

76 Die Glocke

Alt, aber laut

Schiller zu lesen ist immer von Aha-Erlebnissen begleitet, da kein anderer deutschsprachiger Dichter so viele geflügelte Worte geprägt hat. Besonders viele davon stammen aus seinem »Lied von der Glocke«, in dem er die einzelnen Schritte der Herstellung einer Glocke mit seinen Gedanken zum individuellen und kollektiven Schicksal verbindet.

Wenige andere Gegenstände sind dafür besser geeignet: Glocken geben nicht nur unserem Tag, sondern auch dem Leben und der Gesellschaft Struktur. Sie zeigen die Uhrzeit an, läuten zur Hochzeit, zur Taufe, bei drohender Gefahr und zum Begräbnis. So war es auch seit jeher in St. Martin am Ybbsfelde, doch im Juni 1957 bekam der Pfarrer Besuch vom Bundesdenkmalamt: Man habe herausgefunden, dass St. Martin die älteste noch aktive Glocke Europas besitze. Sie solle daher im Museum ausgestellt werden. Doch weder der Pfarrer noch seine Gemeinde wollten ihre Glocke hergeben. Die hing immerhin schon seit 757 Jahren in St. Martin, mit nur kurzen Unterbrechungen während Kriegszeiten, als man sie vor dem Militär versteckte. Nach dem Dreißigjährigen Krieg blieb sie verschwunden, bis Wildschweine sie zufällig wieder freilegten.

Es fand sich ein Kompromiss: Zum Schutz der im Jahr 1200 gegossenen Glocke wurde eine idente neue Glocke angefertigt, die von nun an das alltägliche Geläute übernahm. Die alte Oktavglocke – die übrigens nicht nur die älteste ihrer Art in Europa, sondern auf der ganzen Welt ist – durfte an ihrem angestammten Platz bleiben, wird aber nur noch dreimal im Jahr geläutet: Zu Ostern, zu Weihnachten und zu Silvester erklingt ihr A-Moll-Akkord mit Ober- und Unteroktav, und das in vollem, sattem Klang und kein bisschen brüchig oder altersschwach.

Oder, wie Schiller sagen würde: »Und wie der Klang im Ohr vergehet, / Der mächtig tönend ihr entschallt, / So lehre sie, dass nichts bestehet, / Daß alles Irdische verhallt.«

Adresse Kirchengasse 1, 3376 St. Martin am Ybbsfelde, eine Replik der Glocke steht vor dem Kircheneingang, eine Aufnahme ihres Klanges finden Sie auf Youtube | Anfahrt Über die A 1, Ausfahrt Amstetten Ost, danach den Wegweisern folgen. | Tipp Der nahe Hengstberg ist ein beliebtes Ausflugsziel mit großartiger Aussicht. Der Wanderweg zweigt etwas nördlich von St. Martin von der Straße ab.

77__Die Mühle

Älter, jünger, bunter

Sie sind die höchsten Gebäude weit und breit, wie Wahrzeichen stehen sie über das ganze Land verteilt. Leider, muss man sagen, denn ein schöner Anblick sind sie selten. Die Rede ist von den Silos, wie man auf gut Spanisch die Getreidespeicher nennt, die hier wie anderswo auch das Landschaftsbild prägen.

Natürlich hat eine Mühle noch mehr und noch höhere Silos als die meisten anderen. Hunderte Tonnen Getreide werden da gelagert, ehe sie zu Mehl verarbeitet werden. Die Rosenfellner Mühle schaut man dennoch gern an: Der Künstler Florian Nährer verwandelte ihre elf Hochsilos in »Joy Sticks«, wie sein Projekt heißt: Mit den Farben Braun, Rot, Blau und Grün, die für die Erde, das Leben, Himmel und Wasser sowie die Pflanzen stehen, verweist der Künstler auf die Bedeutung der Getreidespeicher als Symbol für das Leben schlechthin. Weiß und Rosa stehen für das Göttliche und das Menschliche, man kann die bunten Silotürme aber auch schön finden, ohne sich in die Farbsymbolik zu vertiefen.

In Auftrag gegeben hat das Kunstwerk Monika Rosenfellner, die 1992 zur jüngsten Müllermeisterin Österreichs wurde und den Familienbetrieb bereits in der dritten Generation führt. Die Mühle selbst ist freilich viel älter, bereits 1368 wurde hier Getreide zu Mehl gemahlen.

Monika Rosenfellner versteht es, uralte Traditionen wie das Mahlen mit »richtigen« Steinen den Bedürfnissen unserer Zeit anzupassen: Steinvermahlenes Mehl gilt als besonders bekömmlich, ein wichtiger Punkt in Zeiten zunehmender Unverträglichkeiten. Auch Nachhaltigkeit ist ein wichtiges Thema: So klappert die Mühle zwar längst nicht mehr am rauschenden Bach wie im Kinderlied, dafür liefert dieser Bach einen großen Teil der für den Betrieb benötigten Energie. Dass das Getreide in den bunten Silos nur von Biobauern aus der Region stammt, sorgt genauso für ein gutes Bauchgefühl wie die Produkte im gut sortierten Mühlenladen.

Adresse An der Bahn 9, 3352 Sankt Peter in der Au – Dorf | Anfahrt Über die B 122 (Voralpenstraße) nach St. Peter fahren, dort über die Bahnhofstraße weiter zur Mühle. | Öffnungszeiten Informationen und Anmeldung zu Führungen unter Tel. 07477/4234380 | Tipp Die Wallfahrtskirche im nahen Krenstetten beeindruckt durch ihr dunkles Kreuzrippengewölbe, ihren spätgotischen Flügelaltar und ihre frühbarocke Kanzel.

78_Schloss St. Peter

Von der Zwingburg zum Ort für alle

Das biblische Motto »Aug um Aug, Zahn um Zahn« war Wilhelm Seemann von Mangern, der 1586 die Herrschaft St. Peter in der Au käuflich erworben hatte, offenbar viel zu mild. Er hatte den Bauern ihre althergebrachten Freiheitsrechte genommen, ein bewaffneter Aufstand war ausgebrochen. Die Bauern nahmen das Schloss ein und hielten Seemann drei Wochen lang gefangen, bis er ihnen unter Eid die Rückgabe der alten Rechte zusicherte.

Doch statt der Rechte gab es Rache: Der gedemütigte Schlossherr erklärte sein Versprechen für ungültig. Er ließ den Aufständischen Nasen, Ohren und Hände abschneiden, einige wurden gevierteilt, andere gerädert, gepfählt, gehängt oder geköpft, manchen schnitt man bei lebendigem Leibe das Herz heraus.

Jahr für Jahr mussten Generationen von Bauern am 1. Mai im Schloss St. Peter Abbitte für die »Verbrechen« der Aufständischen von 1597 leisten. Dem Schlossherrn wurde ein goldenes Schwert überreicht, mit den Worten: »Gestrenger Herr Pfleger, in diesem Schlosse haben die Untertanen Wehr und Waffen zu ihnen genommen. Weil wir uns aber mit diesem Schwerte weder schützen noch wehren können und uns lieber mit unserer armen Bauernschaft ernähren wollen, so bringen wir dasselbe mit einer untertänigsten Abbitte wieder heim und wünschen, dieser Krieg wäre niemals entstanden. So bitten wir Gott im Himmel, daß er uns solchen gnädig verzeihe. Endlich bitten wir unsere hochfürstliche Herrschaft und jene, die in dessen Namen schalten und walten, sie möchten uns dieses gnädig verzeihen.«

Erst 1848 wurde die demütigende Tradition abgeschafft. Die einstige Zwingburg ist heute ein Ort für alle, in dem das Gemeindeamt, ein Museum und eine Galerie untergebracht sind. Besonders schön ist ein Spaziergang durch den Schlosspark – nur im Eingangsbereich erinnert noch ein Denkmal an den grausamen Schlossherrn. Ein klarer Fall für eine Zusatztafel.

Adresse Hofgasse 6, 3352 St. Peter in der Au | **Anfahrt** Über die B 122 (Voralpenstraße) erreichbar. | **Tipp** Über die Urltal- und die St.-Michael-Bergstraße erreichen Sie den aussichtsreichen Ort St. Michael am Bruckbach, wo vor der Kirche eine Gedenktafel an die Bauernkriege erinnert.

79 Der Friedhof

Unter dem Pflaster die Knochen

Wien, Paris und St. Pölten hatten dasselbe Problem: Irgendwann wollte man die Autos, denen man einst den roten Teppich bis vor die jeweilige Kathedrale ausgerollt hatte, wieder loswerden. Doch während man angesichts historischer Fotos des zugeparkten Stephansplatzes oder des verstellten Blicks auf Notre Dame heute nur noch staunend den Kopf schütteln kann, sieht der Domplatz von St. Pölten noch genauso aus wie in den 1960er Jahren: Asphalt mit Parkspuren drauf und meist zugeparkt.

Dabei mangelte es nicht am Willen zur Veränderung: 2010 wollte man die Neugestaltung des Domplatzes in Angriff nehmen, stieß jedoch bei Probegrabungen gleich unter dem Asphalt auf Knochen. Schnell wurde klar, dass diese Angelegenheit länger dauern würde. Mit über 22.000 Skeletten legten Archäologen den größten mittelalterlichen Friedhof der Welt frei, das dauerte zehn Jahre. Sozusagen im Vorbeigraben fand man noch den Sitz des römischen Statthalters, die Reste der frühmittelalterlichen Siedlung Treisma und fünf mittelalterliche Kirchen.

Aufgrund ihres guten Erhaltungszustands tragen die menschlichen Überreste aus vielen Jahrhunderten Siedlungsgeschichte zur Lösung manches Rätsels bei – so weiß man dank der Funde, dass es die Syphilis in Europa schon vor Kolumbus' Entdeckungen gab –, sie geben aber auch neue auf, wie etwa die Skelette Hunderter Kinder, die Spuren schwerer körperlicher Arbeit aufweisen.

Ein Schatz von 300.000 Fundstücken aus 1.700 Jahren Stadtgeschichte wartet, verteilt auf Tausende Kartons voller Scherben und Knochen, auf seine weitere wissenschaftliche Aufarbeitung. Auf die Reste der antiken und mittelalterlichen Bauten wurde wieder Erde geschüttet, der Platz vorerst wieder mit einer Asphaltschicht versiegelt. Wenn man hier dereinst einmal flanieren kann, dann spaziert man zwar über alte Steine hinweg, nicht aber über Zehntausende Skelette. Durchaus beruhigend.

Adresse Domplatz, 3100 St. Pölten | Anfahrt An der B 1 gelegen, Parkmöglichkeit vorhanden, außer Do und Sa: Da gibt es einen sehr empfehlenswerten Wochenmarkt. | Tipp Mehr über die reiche Geschichte der Stadt erfahren Sie im sehenswerten Stadtmuseum in der Prandtauerstraße 2, nur wenige Gehminuten entfernt (geöffnet Mi–So 10–17 Uhr).

80 Der Sonnenpark

Der Traum ein Garten

Das Paradies war bekanntlich ein Garten. Seit wir daraus vertrieben wurden, träumen wir davon. Natürlich veränderte sich dieser Traum im Lauf der Jahrhunderte: Im Barock noch sichtbar dem menschlichen Willen unterworfen, sollte die Natur im Garten später auf möglichst natürliche Weise möglichst malerisch aussehen.

Heute ist die Sehnsucht nach echter Naturnähe größer denn je. Pestizide, Kunstdünger und monotone Rasenflächen sind kein Ideal mehr, seit wir uns um die Insektenvielfalt ernsthafte Sorgen machen müssen. Der Traumgarten unserer Zeit ist gepflegt genug, um ein paar Grasflächen zum Picknicken oder Spielen frei zu halten, aber auch wild genug, um einer möglichst bunten Vielfalt an Pflanzen und Tieren Raum zu geben. Im Idealfall sind auch ein paar essbare Kräuter, Blätter und Früchte dabei.

Aus der Traum. Er ist nämlich längst Realität. Der St. Pöltner Sonnengarten entspricht genau dem Garten-Ideal von heute: Es gibt viel wild wucherndes Gebüsch, in dem es kreucht und fleucht, aber auch die eine oder andere romantische Lichtung und ein paar Wiesen, die mehr Platz bieten. Auf Schildern liest man »Pflück mich«, und als Bonus stehen mittendrin ein paar alte Gebäude voller Kunst und Krempel, die dem Kulturverein »Lames« als Basislager dienen.

Einst war hier eine Sägefabrik, dann eine Mühle, dann lange nichts. Später brachte man Flüchtlinge in den alten Gebäuden unter. Und da die Stadt St. Pölten die Bruchbuden abreißen und das Grundstück mit einer großen Wohnhausanlage bebauen wollte, aber eben nicht gleich, überließ man es danach vorübergehend Künstlern. Dass diese die wild wuchernde Brache in ein zeitgemäßes Paradies verwandeln und dafür einen Preis des Landes Niederösterreich nach dem anderen einheimsen würden, war so nicht vorgesehen. Zwölf Jahre lang dauerte das zähe juristische Ringen, bis das Bauprojekt abgeblasen wurde. Der Traum von einem Garten lebt.

Adresse Spratzerner Kirchenweg 81–83, 3100 St. Pölten | Anfahrt Über die A 1, Abfahrt St. Pölten Süd erreichbar. | Tipp In der historischen Altstadt St. Pöltens flaniert es sich ganz ähnlich wie im Sonnenpark: Statt dem Gebüsch gibt es Häuserfassaden, statt der überraschenden Lichtungen nicht minder überraschende Durchgänge und Innenhöfe. Wer in der Innenstadt bewusst in die vielen Höfe spaziert, entdeckt so manche bezaubernde Ruheoase.

81 Die Synagoge

So schön, dass es wehtut

»Wer kann den Judentempel brauchen?«, titelte die St. Pöltner Zeitung 1975 hämisch. Die Israelitische Kultusgemeinde Wien hatte die alte St. Pöltner Synagoge zum Verkauf angeboten. Das 1913 fertiggestellte Gotteshaus war während der Novemberpogrome von 1938 geplündert und verwüstet, aber nicht völlig zerstört worden. Schnee und Regen fielen durch die zerschlagenen Fenster des devastierten Gebäudes, Hunderte Tauben hatten sich eingenistet.

Das Bundesdenkmalamt wurde aktiv und stellte die St. Pöltner Synagoge unter Schutz. Bei den Renovierungsarbeiten, die schließlich gemeinsam mit dem Land Niederösterreich und der Stadt St. Pölten durchgeführt wurden, entdeckte man auch die Originalschablonen für die Jugendstilornamente, mit denen der Innenraum einst geschmückt worden war.

Bis auf die fehlenden bunten Fenster sowie kleinere Umbauten, die der neuen Nutzung als Veranstaltungszentrum geschuldet sind, präsentiert sich die 1938 geschändete Synagoge heute wieder so glanzvoll wie zu Kaisers Zeiten. Im Kultraum erzählt eine Dauerausstellung die wechselvolle Geschichte der 1938 über 800 Mitglieder zählenden jüdischen Gemeinde St. Pöltens – sowohl der Industriellen, die den Bau der Synagoge finanzierten, als auch der kleinen Handwerker und Gewerbetreibenden. Besonders hervorgehoben werden dabei die Kaisertreue der jüdischen Bevölkerung sowie die Leistungen der jüdischen Soldaten und Offiziere im Ersten Weltkrieg, deren Namen nach Kriegsende oft auf den Gefallenendenkmälern fehlten. Erschütternd ist die Geschichte der Arisierung sowie der schrittweisen Entrechtung der Jüdinnen und Juden St. Pöltens. Auch die Schicksale derjenigen, die es in die Emigration schafften, haben hier Platz.

Mit seiner geretteten Synagoge hat St. Pölten heute einen würdigen Ort der Erinnerung für den traurigsten Abschnitt seiner Geschichte. Womit die eingangs gestellte Frage beantwortet wäre.

Adresse Dr.-Karl-Renner-Promenade 22, 3100 St. Pölten, www.injoest.ac.at, Tel. 02742/771710 | **Anfahrt** Die Synagoge liegt südlich der Altstadt, Ausfahrt von der S 33: St. Pölten Ost, dann Richtung Zentrum fahren. | **Tipp** 1848 wurde die Diskriminierung der Jüdinnen und Juden in Österreich offiziell beendet. Dieses Jahr zählt auch zu den zentralen Themen im niederösterreichischen Haus der Geschichte (Museum Niederösterreich, Kulturbezirk 5, geöffnet Di–So 9–17 Uhr, Tel. 02742/908090, www.museumnoe.at).

82 Die Ent-Täuschung

Grundkurs Barock in der gotischen Hallenkirche

Natürlich hielten sich Stile und Epochen der Kunstgeschichte nie an die Grenzen von Nationalstaaten. Würde man jedoch nach einer »typisch österreichischen« Kunst und Architektur suchen, so käme man nicht am Barock vorbei, der das Land tiefer geprägt hat als alle anderen Epochen davor und danach. Schließlich baute man damals nicht nur im gerade aktuellen Stil, sondern »barockisierte« auch alles nicht mehr zum Zeitgeschmack Passende. Vor allem bei Kirchen führte das oft zu einem Spannungsverhältnis zwischen der üppig barocken Einrichtung und der eigentlich schlichteren gotischen Architektur.

Auch unter den kühnen Schlingrippengewölben vieler gotischer Kirchen des Mostviertels wirken tonnenschwere Barockaltäre manchmal wie Fremdkörper. Die Pfarrkirche von Steinakirchen am Forst bietet die seltene Gelegenheit, einen solchen Altar genauer unter die Lupe zu nehmen: Eine den gesamten Kirchenraum umlaufende Empore in lichter Höhe stellt eine unwiderstehliche Einladung dar, das pompöse Stück von allen Seiten zu begutachten.

Ein geplanter schneller Rundgang dauert hier mitunter länger als angenommen, denn der Wechsel zwischen Kehr- und Schauseite des Altars ist jedes Mal aufs Neue so faszinierend, dass man die Übung gleich wiederholen möchte: Dieser massive Altar mit seinen Marmorsäulen, seinen steinernen Engeln, seinem gipsernen Stuck – besteht aus nichts als Holz, ein paar Kübeln Farbe und dem geschickten Pinselstrich eines Meisters des Trompe-l'Œil. Auch wenn man genau weiß, wie wenig dahinter ist: Kaum ist man wieder auf der Schauseite angelangt, wirkt der Altar wieder so imposant und schwer wie zuvor.

Die barocken Maler waren Meister der Inszenierung und des Bluffs. »Der Mensch ist das Produkt des Ortes, an dem er lebt«, heißt es im Corpus Hippocraticum. Was das über das barocke Österreich und seine Bewohner aussagt, kann man sich ja einmal in einer stillen Stunde überlegen.

Adresse Kirchenplatz 1, 3261 Steinakirchen am Forst | **Anfahrt** A 1 Abfahrt Amstetten Ost nehmen, danach den Wegweisern folgen. | **Tipp** Über die Habergstraße erreicht man den Mostviertler Sonnwendkreis. 24 heimische Apfel- und Birnbäume wurden dort rund um einen Obelisken gepflanzt. Jeweils zur Sonnenwende fällt sein Schatten auf markierte Punkte, dazwischen kann man die Aussicht auch einfach so genießen.

83_Die Aussiedlung

Überschwemmt und weggesprengt

Niemand hat die Hochwasser gezählt, die das 1111 erstmals erwähnte, unmittelbar an der Donau gelegene Dorf Stephanshart überstanden hat. Besonders schlimm muss es im späten 18. Jahrhundert gewesen sein, als der Strom Jahr für Jahr sowohl im Sommer als auch im Winter über die Ufer trat – wenn er sich nicht, wie 1787 im Zuge eines besonders schweren Hochwassers, überhaupt ein neues Flussbett bahnte. Ein Vulkanausbruch in Island hatte damals die Atmosphäre abgekühlt und weltweit Überschwemmungen und andere Naturkatastrophen ausgelöst. Doch jedes Mal, wenn der Wasserstand wieder zurückgegangen war, kehrten die Bewohner Stephansharts zurück, reparierten die vom Hochwasser angerichteten Schäden, legten Häuser und Hausrat trocken und räumten den angeschwemmten Unrat beiseite. 860 Jahre lang. Dann war Schluss.

Als im Jahr 1954 ein besonders schweres Hochwasser 62 Häuser bis zur Firsthöhe unter Wasser setzte und auf Dauer unbewohnbar machte, fiel der Beschluss, einen großen Teil des Dorfes abzusiedeln. 1971 begann die größte Übersiedlung, die es in Europa wegen Hochwassergefahr je gegeben hatte. 43 Bauernhöfe und selbst die Kirche mussten auf hochwassersicheres Gebiet ausweichen, Letztere aus einem anderen Grund: Die gotische Hallenkirche aus dem 15. Jahrhundert war wegen Hangrutschungen einsturzgefährdet und wurde 1962 gesprengt, als die neue, auf hochwassersicherem Grund errichtete Kirche fertiggestellt war.

Schon von Weitem sieht man deren aus der Landschaft herausragenden Turm, der eine entfernte Ähnlichkeit mit der vom Reschenstausee überschwemmten Grauner Pfarrkirche in Südtirol aufweist. Dabei ist es in Stephanshart genau umgekehrt: Die Südtiroler Kirche ist alles, was vom Dorf Graun nach dessen künstlich herbeigeführter Überschwemmung übrig blieb. Die Pfarrkirche von Stephanshart ist das Symbol eines aus den jährlich drohenden Fluten geretteten Dorfes.

Adresse 3321 Stephanshart | Anfahrt Nach der Ausfahrt Amstetten West bei erster Gelegenheit rechts in die B 1 abbiegen, ab der nächsten Kreuzung ist Stephanshart angeschrieben. Die Kirche ist nicht zu übersehen. An der L 6058 befindet sich bei der Abzweigung nach Empfing ein Gedenkstein mit den Hausnamen der 1971 abgesiedelten Höfe. | Tipp Machen Sie einen Abstecher ins nahe Empfing: Der dortige »Empfinger Bäck« ist bekannt für seine Langsemmeln, zur Bäckerei gehört auch ein Wirtshaus (Do Ruhetag).

84 Der Eibenwald

Unheimlich schöne Bäume

Alte Eiben machen in historischen Parkanlagen auch über mehrere Jahrhunderte hinweg eine gute Figur, da sie immer wieder frisches Grün austreiben. Bei regelmäßigem Schnitt bleibt die Eibe ein Busch, andernfalls wächst sie zum Baum heran. Ihre Langlebigkeit und ihr tödliches Gift machten sie in der Mythologie der Kelten und Wikinger zum Symbol für den Tod, aber auch für die Unsterblichkeit. Auf irischen, schottischen und normannischen Friedhöfen ist sie häufig zu finden.

Weniger bekannt ist, dass die Eibe, die auch im Schatten gut wächst, einst in heimischen Bergwäldern häufig anzutreffen war. Zahlreiche Ortsnamen weisen auf Eibenbestände hin, doch bereits im 16. Jahrhundert war sie weitgehend ausgerottet. Zum Verhängnis wurde ihr weniger ihre Giftigkeit, die sie bei Bauern freilich unbeliebt machte, als vielmehr die hervorragende Qualität ihres stabilen und elastischen Holzes, das weder verrottet noch morsch wird: Englische Langbogenschützen zahlten für das Material ihrer gefürchteten Waffen einen guten Preis, die Eibe wurde zum frühen mitteleuropäischen Exportschlager.

Unterhalb des Gföhlbergs, bei einem seit jeher »Eibenberger Hof« genannten Gehöft, hat sich einer der seltenen Eiben-Bestände in freier Wildbahn erhalten. In einem kleinen, als Naturdenkmal geschützten Bereich des Waldes wachsen zahlreiche stattliche Eiben auf steilen Hängen und sehen so ganz anders aus als die gewohnten, hübsch zurechtgestutzten Büsche in den Schlossparks. Unwillkürlich denkt man an alte Märchen, die in gespenstischen, auf unheimliche Weise lebendigen Wäldern spielen – vielleicht sind die ja in einer Zeit entstanden, als es noch Eibenwälder gab. Die alten Bäume haben knorrige Stämme, wild wuchernde Äste und so expressiv-gruselige Formen, dass man hier bei Einbruch der Dämmerung nicht unbedingt allein unterwegs sein möchte. Genauso wenig wie auf einem keltischen oder Wikinger-Friedhof.

Adresse Stollberg 4, 3053 Stollberg | Anfahrt Über die A 1 bis Böheimkirchen, dann über Kasten bis Stössing, dort rechts abbiegen in Richtung Sonnleiten. Über eine Wiese erreicht man den Eibenwald, durch den auch der Weitwanderweg 404 führt. | Tipp Über die Sonnleiten wandert man in etwa einer Stunde zur 2003 nach ökologischen Kriterien errichteten Gföhlberghütte, der Weg führt auch an zahlreichen Elsbeerbäumen vorbei.

85 Das Drahteselmuseum

Innovative Oldtimer, zeitlos schön

Der Teufel kam vom Bahnhof herangerast, mit wehendem roten Mantel. Er war zwei Meter groß, hatte lange rote Haare und einen ebensolchen Bart. Laut schreiend brauste er den berüchtigten Strengberger Berg herunter, die Menschen sprangen zur Seite und bekreuzigten sich. Zur Hölle fuhr an diesem Tag aber niemand, und dass weder der vermeintliche Leibhaftige noch sonst jemand zu Schaden kam, spricht für die Anwesenheit einiger Schutzengel: Das Teufelsgefährt war ein nagelneues Hochrad, das sich ein fortschrittlicher Wallseer im Jahr 1880 in England bestellt hatte – und das auf der steilen Straße offenbar kaum zu bremsen war. Man weiß nicht mehr, wer der exzentrische rote Radler war, doch das Hochrad ist erhalten und kann im Strengberger Drahtesel-Museum besichtigt werden.

Das kleine, gut bestückte Museum ist stilvoll im alten Feuerwehrhaus untergebracht, und stilvoll sind auch die von Mechanikermeister Hans Schneider akribisch restaurierten Exponate, über die seine Tochter, die Museumsleiterin Barbara, zahllose Geschichten auf Lager hat. Da gibt es etwa einen von einem gewissen Otto Rosenkranz erfundenen Feder-Rahmen, der schon vor Jahrzehnten auch auf unebenem Gelände für komfortables Fahren sorgte, oder eines von nur noch drei existierenden Steyrer Damen-Waffenrädern aus dem Jahr 1897, mit Kerzenlaterne, Werkzeugtasche und Radlaufglocke. Oder das »Berg wie Tal«-Fahrrad von Bismarck, ein Mountainbike-Urahn aus den 1930er Jahren mit innovativem Zweiganggetriebe im Tretlager.

Ob man sich nun in technische Details vertiefen möchte oder sich mehr für die Originalität und Eleganz der Ausstellungsobjekte interessiert: Dass die Bezeichnung »Drahtesel« im Museumsnamen eine starke Untertreibung darstellt, ist klar. Es handelt sich um edle Oldtimer, die allein durch die vielen Arbeitsstunden, die in sie investiert wurden, von unschätzbarem Wert sind.

Adresse Hauptstraße 7, 3314 Strengberg, Tel. 0676/3238572 | Anfahrt Über A 1, Ausfahrt 131 Oed erreichbar. | Öffnungszeiten Besichtigung nach Voranmeldung, www.drahtesel-museum.at | Tipp Wie eine Fahrt über den Meeresgrund fühlt es sich an, zur Kapelle von Au hinunterzufahren, die zu den wenigen Überresten eines abgesiedelten Dorfes zählt (Au 41, 3341 Au). Die Straße zur Kapelle biegt bei Thürnbuch Richtung rechts von der B 1 ab.

86 Der Hühnerstall

Frische Hühner für den frittierten Heiligen

Zu lachen hatten die Hühner wenig in der Veitskirche in Toberstetten, doch ordentlich Radau werden sie geschlagen haben: Bis zu 20 Stück konnten in den Hühnerstall im Hochaltar gepfercht werden. Vermutlich wurden sie zur Sommersonnenwende geschlachtet – auch wenn das Christentum eigentlich keine Tieropfer kennt. Freilich ist viel vom »Opferlamm« die Rede, doch Fleisch und Blut kommen nur in verwandelter Form als Brot und Wein auf den Altar genannten Tisch. Doch die alten, bereits vor der Christianisierung vorhandenen Traditionen hatten oft ein zähes Leben.

So ist es auch mit dem heiligen Veit, der laut Legende in einem Kessel mit siedendem Öl den Märtyrertod erlitt. Er wird in Mittel- und Osteuropa häufig mit einem schwarzen Hahn als Begleiter dargestellt, auch wenn es dafür in der Heiligenlegende keine Anhaltspunkte gibt. Dem altslawischen Lichtgott Svantovit hingegen wurden zur Sommersonnenwende Hähne und Hühner geopfert. Da Sanctus Vitus nicht unähnlich klingt, ersetzte die Verehrung des Sankt Veit im frühen Mittelalter den Svantovit-Kult, die Hühner-Opfer behielt man der Einfachheit halber bei. In vielen Veitskirchen wie dem Prager Veitsdom oder der Wiener Pfarrkirche Ober St. Veit wurde bis zu den Reformen Josephs II. Geflügel geschlachtet.

So auch in der Veitskirche in Toberstetten, schließlich war das Mostviertel einst slawisches Siedlungsgebiet. Dass es sich um ein sehr altes Heiligtum handeln dürfte, legt die Sichtverbindung zu anderen »heiligen Bergen« der Umgebung nahe. Warum das Opfer gerade hier eine so wichtige Rolle spielte, weiß man hingegen nicht – Hochaltäre mit eingebautem Hühnerstall findet man sonst nirgends. Einst war der Stall direkt mit dem Mesnergarten verbunden, doch dieser ist heute Privatgrund. Auf dem Dach des Carports, der sich heute am schönsten Aussichtspunkt des einstigen Svantovit-Berges breitmacht, dreht sich immerhin ein Wetterhahn.

Adresse Bergkirche St. Veit, 3364 Neuhofen an der Ybbs | Anfahrt Über die B 121 (Weyerer Straße), dann Richtung Allhartsberg, von dort weiter nach Toberstetten fahren. | Öffnungszeiten den Schlüssel gibt es bei Familie Kössl gleich nebenan: Tel. 07475/52497 | Tipp Auf den Resten einer römischen villa rustica wurde im nahen Wallmersdorf eine sehenswerte, dem heiligen Sebastian geweihte kleine Kirche erbaut. Sebastian gilt als »Mostheiliger«: Er wurde an einen Obstbaum gefesselt von Pfeilen durchbohrt.

87__Die Dirndln

Eine Hand wäscht die andere

Ob Alexander der Große sein Weltreich ohne die Kornelkirsche hätte erobern können, ist ungewiss: Die wichtigste Waffe der makedonischen Phalanx, eine sechs Meter lange, »Sarissa« genannte Lanze, konnte ausschließlich aus dem gleichzeitig leichten und robusten Holz der Kornelkirsche hergestellt werden. Der auch wegen seiner vitaminreichen Früchte seit alters geschätzte Strauch rettete nicht nur den Hellenen so manchen Sieg gegen scheinbar überlegene Reiterheere. Er rettete auch das Pielachtal.

Als sich dessen Bauern nach Österreichs EU-Beitritt plötzlich auf einem riesigen neuen Markt behaupten mussten, brauchte man dringend neue Ideen – und besann sich auf alte Traditionen: Schon immer kultivierte man im Pielachtal die hierzulande »Dirndl« genannte Kornelkirsche. An die 20.000 Dirndlsträucher wachsen im Tal, es dürfte sich um eines der dichtesten Vorkommen überhaupt handeln. Die Kornelkirsche wurde für das nunmehr »Dirndltal« genannte Gebiet zum Markenzeichen. Josef und Rosa Fuxsteiner hatten sich schon in den 1960er Jahren ein wirtschaftliches Standbein mit Dirndlprodukten aufgebaut. Dieses Erbe führen die nächsten beiden Generationen heute weiter: 20 bis 30 Tonnen Früchte werden von der Dirndlmanufaktur, zu der sich der bereits 1112 urkundlich erwähnte Hof gewandelt hat, jährlich verarbeitet – zu Edelbrand, Saft und Marmeladen nach altbewährtem Rezept, aber auch zu neuen Kreationen wie Schokolade, Essig, Limonade oder barriquegereiftem Dirndl-Brandy.

Warum gibt es eigentlich gerade im Pielachtal so viele Dirndlsträucher? »Eigentlich wollte man sie auch hier wie anderswo beseitigen«, erzählt Josef Fuxsteiner jun. von Zeiten, als man das Heil in den immer gleichen Monokulturen suchte. Die Sturheit der Pielachtaler Bauern, die sich weigerten, ihre bis zu 500 Jahre alten Sträucher auszureißen, rettete die Dirndln. Sie haben sich eindrucksvoll revanchiert.

Adresse Tradigistgegend 17, 3204 Tradigistgegend, Tel. 0664/8737392. www.fuxsteiner.at | **Anfahrt** Die Tradigistgegend ist eine Querverbindung zwischen Pielach- und Traisental, gut über die B 20 (Lilienfeld) oder die B 39 erreichbar. | **Öffnungszeiten** Mo–Fr 8–12 und 14–17 Uhr, Sa 8–12 Uhr, So mit Anmeldung | **Tipp** Sollten Sie nach Kirchberg weiterfahren, wird Ihnen links oberhalb der Straße die turmlose Andreaskirche auffallen – werfen Sie einen Blick in den schlicht-eleganten spätgotischen Kirchenraum mit seiner schön bemalten Kanzel. Den Schlüssel gibt es beim Bauernhof nebenan.

88_Die Forellenteiche

Frischer Fisch aus alten Teichen

Viele denken bei Forellen an klare Gebirgsbäche, doch Österreichs älteste Forellenzucht liegt (fast) an der Donau: Bei Traismauer, wo Donau und Traisen erstmals unterirdisch aneinandergeraten, wird das jeweils mittransportierte Geschiebe so verdichtet, dass das Grundwasser an mehreren Stellen aus dem Boden gedrückt wird. Genau dort ließ 1860 ein gewisser Baron Geymüller Fischteiche anlegen, um Forellen zu züchten – ein idealer Ort für dieses Unterfangen, da das ständig frisch aus dem Boden sprudelnde, sauerstoffreiche Wasser den Forellen genau die richtigen Lebensbedingungen bietet.

Besucht man die von der Fischzucht Haimel übernommenen Teiche 160 Jahre später, scheint sich nicht allzu viel geändert zu haben. Sogar das alte Fischerhaus, in dem Fotos aus der Zeit des Ersten Weltkriegs hängen, steht noch scheinbar unverändert an Ort und Stelle. Dabei wurde die ganze Anlage im Jahr 2004 von Grund auf erneuert. In den Teichen schwimmen heute nicht nur Forellen, sondern auch Störe, Hechte und Welse. Der mit Abstand schönste und auch wertvollste Bewohner der Haimel'schen Teiche ist der Huchen, auch Donaulachs genannt. In freier Wildbahn ist er selten geworden, da er höchste Ansprüche an die Sauberkeit und den Sauerstoffgehalt des Wassers stellt. Bei allem Stolz darauf hält Seniorchef Johann Haimel fest: »Für mich geht nichts über eine frische Bachforelle.« Hoffentlich gibt es sie noch lang, schließlich macht sich auch hier der Klimawandel bemerkbar. »Das Wasser hat heute schon zwölf Grad, eigentlich sollte es hier nur sechs Grad haben«, sorgt sich der Fischer um die Zukunft des Betriebs.

Wie weggeblasen sind derartige Sorgen jeden Freitag um Punkt 18.30 Uhr: Da wird im familieneigenen Heurigen die Selchkammer aufgemacht, ein unwiderstehlicher Duft nach heiß geräucherten Forellen breitet sich aus. Dazu gibt es Brot, Wasser und Wein – und sonst nichts. Stammkunden bringen Salat zum freitäglichen Festschmaus mit. Und Besteck.

Adresse Kremserstraße 65, 3133 Traismauer, Tel. 0664/3127297, www.fischzucht-haimel.at; der Fischheurige befindet sich gleich gegenüber, in der St. Georgener Gasse 5 | **Anfahrt** Fischerei und Heuriger liegen nordwestlich vom Zentrum direkt an der B 43 (Traismaurer Straße), gut erreichbar über die S 33, Ausfahrt Traismauer-Nord. | **Öffnungszeiten** Do–Sa 8–12 Uhr, Fischheuriger Fr ab 18 Uhr | **Tipp** Eine aussichtsreiche zweistündige Wanderung durch romantische Hohlwege führt blau/gelb markiert vom Bahnhof Traismauer über den Nasenberg zum Venusberg.

89_Die Regentag

Der Lebensraum als Kunstwerk

Trübe Regentage mochte Friedensreich Hundertwasser am liebsten. Er fand, dass die Farben der Umgebung nur bei Regen richtig zur Geltung kommen. Die Sonne betone die Kontraste zu sehr, deshalb seien die Bilder der Maler aus dem Süden auch farbärmer als die ihrer Kollegen aus dem Norden. »Regentag« wurde schließlich sogar ein Teil seines Namens: »Friedensreich Hundertwasser Regentag Dunkelbunt« lautete dieser in voller Länge. Auch sein Schiff nannte er nach seinem Lieblingswetter.

Mit dem alten Salzfrachter war der Künstler 1968 von Sizilien nach Venedig gesegelt, danach baute er ihn zu seinem zeitweiligen Wohnsitz um. 18 Monate dauerte die Reise von Venedig nach Neuseeland. Zehn weitere Jahre malte und lebte Hundertwasser auf dem Schiff. Er liebte es, vom Wasser aus den Horizont zu betrachten – »das Einzige, an das man sich klammern kann«. Alles andere müsse man dazuerfinden.

So lässt sich auch sein Lebenswerk interpretieren: Als Neuerfindung der Welt. Sosehr der Künstler dafür belächelt wurde, so visionär wirkt er heute: Nicht nur mit den begrünten Fassaden seiner Häuser war er seiner Zeit um ein halbes Jahrhundert voraus. Auch seine neuseeländische Wahlheimat gestaltete er in den 1970er Jahren in einer Weise, die man aus heutiger Sicht als »state of the art« bezeichnen muss: Der Künstler pflanzte 100.000 heimische Bäume, baute eine Pflanzenkläranlage und nützte Sonnen- und Windenergie.

Friedensreich Hundertwasser starb im Jahr 2000, sein Boot wurde 2004 im Rahmen einer großen Ausstellung nach Österreich gebracht. Seither liegt es im Hafen von Tulln vor Anker. Es ist ein Gesamtkunstwerk, von der Leiter aus naturbelassenen Ästen bis zur Komposttoilette, wurde vom Künstler selbst um ein paar Meter verlängert und mit asymmetrischen Aufbauten versehen. Sein Name ist Programm: »Wenn es regnet, bin ich glücklich«, so Hundertwasser.

Adresse Donaulände, 3430 Tulln an der Donau, unmittelbar hinter dem Rathaus | **Anfahrt** Nach Tulln über A 22 und S 5, es gibt auch eine direkte Zugverbindung nach Wien (Franz-Josefs-Bahnhof). | **Öffnungszeiten** Informationen, wann Besichtigungen möglich sind, unter Tel. 02272/690135 | **Tipp** Zum Öko-Vordenker Hundertwasser passt ein Besuch auf der »Garten Tulln«, der ersten permanenten und ökologischen Gartenausstellung Europas (Am Wasserpark 1, 3430 Tulln). Der Weg zur Gartenschau ist aus allen Richtungen gut ausgeschildert.

90_Das Zuckermuseum

Das weiße Gold des Tullnerfelds

Der »Wiener Zucker« ist ein Mostviertler: In Tulln befindet sich nicht nur eine von zwei Zuckerfabriken Österreichs, die täglich bis zu 12.500 Tonnen Rüben zu 2.300 Tonnen Zucker verarbeitet, sondern auch die Zentrale des Zuckerkonzerns Agrana.

Als dieser im Jahr 1994 die Marke »Wiener Zucker« einführte, griff er damit auf eine alte Tradition zurück. Im 19. Jahrhundert war Zucker noch ein Luxusgut und ausschließlich in Form unhandlicher, steinharter Zuckerhüte im Handel. Als sich seine Frau beim Zerkleinern eines solchen am Finger verletzte, entwickelte Jacob Christoph Rad, Leiter der Zuckerfabrik im mährischen Ort Datschitz, eine Methode, Zucker in viel kleinere Portionen zu pressen. Er nannte seine im Jahr 1843 gemachte Erfindung, die in kürzester Zeit die Welt erobern sollte, »Wiener Würfelzucker«.

Die Geschichte der europäischen Zuckerindustrie begann im 18. Jahrhundert, als es gelang, Runkelrüben mit einem hohen Zuckergehalt zu züchten. Zahlreiche Pioniere des neuen Industriezweigs waren Österreicher. Das Tullner Zuckermuseum, etwas versteckt unter dem Dach des weitläufigen Tullner Rathauses angesiedelt, widmet sich ihrer Geschichte genauso wie der dunklen Seite des weißen Goldes: Der Handel mit Zucker war einst einer der Faktoren, die zur Ausbeutung von Millionen Menschen im transatlantischen Sklavenhandel führten.

In Österreich brach der ertragreiche Wirtschaftszweig mit der Zerschlagung der Monarchie fast vollständig weg, da so gut wie alle Fabriken in Böhmen und Mähren lagen. Dass es gelang, auch auf dem heutigen Territorium Österreichs eine gewinnträchtige Zuckerindustrie zu etablieren, liegt an den veränderten Essgewohnheiten der Österreicher: Mit einem jährlichen Verbrauch von gut 40 Kilogramm Zucker pro Person hat sich der Konsum hierzulande seit der Erfindung des Wiener Würfelzuckers um das Zwanzigfache gesteigert.

Adresse Österreichisches Zuckermuseum, im Rathaus, Minoritenplatz 1, 3430 Tulln an der Donau | Anfahrt Nach Tulln über A 22 und S 5, es gibt auch eine direkte Zugverbindung nach Wien (Franz-Josefs-Bahnhof). | Öffnungszeiten Mo–Mi 8–15.30 Uhr, Do 8–19 Uhr, Fr 8–12 Uhr, im Rathaus am Empfang anmelden | Tipp Die kostenlose App »Virtulleum« führt Sie auf einen von Virtual Reality unterstützten Stadtspaziergang durch verschiedene Epochen, bei dem man an einem Kamelskelett als Relikt des osmanischen Feldzugs nach Wien genauso vorbeikommt wie an Bombensplittern aus dem Zweiten Weltkrieg. Man findet sie kostenlos im App- oder Playstore.

91 Die Kapelle

Barockes Understatement

»Tu Gutes und sprich davon.« So funktionieren Public Relations schon immer, in Österreich womöglich sogar noch besser als anderswo: Kaum ein Stiegengeländer oder Bankerl am Wegrand, wo nicht auf einer unübersehbaren Zusatztafel erklärt wird, welche Organisation oder Institution unter wessen Leitung die Arbeit geleistet und wer dafür bezahlt hat, immer mit Logo, gern mit Foto.

Einem gewissen Herrn Georg Wagner aus Wien wäre derartiges Fishing for Compliments wahrscheinlich peinlich gewesen. Seinen Namen ließ er freilich schon oberhalb des Eingangstors der von ihm spendierten Kapelle erwähnen, aber mehr als »gestiftet 1716 erbaut 1729 von Georg Wagner aus Wien« steht da nicht, und auch das kleine Täfelchen, in dem der Stifter erklärt, er habe »dise Capeln« eben »Gott zu Ehren« erbauen lassen, wirkt sehr diskret. Vor allem aber beantwortet es die Frage nicht, warum gerade hier am Wegrand eine so prachtvolle Kapelle mit reicher Innenausstattung steht, die auch in der Großstadt eine gute Figur gemacht hätte. Eine Einsiedelei für die Mönche, die einst das Wasser der Siebenbrunnenquelle an Pilger verkauften, spendierte Herr Wagner auch gleich dazu. Und da der Wiener Handelsmann offenbar keine halben Sachen machen wollte, ließ er auch noch ein – mittlerweile erneuertes – Quellenhäuschen errichten.

So unklar wie die Beweggründe des Spenders ist auch die besondere Fassung dieser Quelle: Aus sieben gedrechselten Holzrohren plätschert das Quellwasser in eine riesige steinerne Jakobsmuschel. Dass mehrere Wasserspender angesichts des Pilgerstroms ganz praktisch sind, mag zwar sein – aber gerade sieben?

Keine Zahl ist so aufgeladen mit Symbolik wie diese, wie etwa die Zahl der Sakramente, der Todsünden oder der Schneewittchen-Zwerge beweist. Vielleicht folgte der unbekannte Brunnenbauer ja nur einer spontanen Regung: Sieben ist auch die häufigste Lieblingszahl der Welt.

Adresse Mariazellerstraße 76, 3184 Steinbachrotte | **Anfahrt** An der B 20 gelegen, Sie können die Kapelle auf dem Weg zwischen Türnitz und Annaberg nicht verpassen, sie liegt am rechten Straßenrand. Parkmöglichkeit vorhanden. | **Tipp** Folgen Sie dem Pilgerweg noch etwa eineinhalb Kilometer, kommen Sie zu einer weiteren, wenn auch bescheideneren Pilgerstätte: der kleinen, gemauerten Rosaliagrotte aus dem Jahr 1666.

92 Die Waffensammlung

Tödliche Schönheit, mörderische Präzision

Wer glaubt, es handle sich bei einem »böhmischen Ohrlöffel« um ein Gerät zur Verbesserung der Körperhygiene, ist hier genauso richtig wie der Experte, der nur schnell sein Wissen über die feinen Unterschiede zwischen Wiener, Welser und Waidhofener Hellebarde auffrischen will.

880 verschiedene historische Waffen wusste der 2003 verstorbene Schmiedemeister Ernst Urschitz nachzubauen, zu seinen Auftraggebern zählten die Schweizer Garde im Vatikan, Produzenten von Historienfilmen und unzählige Privatpersonen, die – aus welchen Gründen auch immer – gern ein germanisches Langschwert, einen türkischen Krummsäbel oder eine bayerische Gardepartisane in den eigenen vier Wänden haben wollten.

Angeeignet hat sich der moderne Waffenschmied sein Spezialwissen als Autodidakt anhand historischer Literatur und der Vermessung archäologischer Fundgegenstände. Offenbar sehr erfolgreich, wie nicht nur prominente Kunden beweisen: Findige Antiquitätenhändler versuchen heute, die nur von Experten als Nachbau erkennbaren Waffen der Schmiede Urschitz als Originale teuer zu verkaufen.

Der Nachlass des Amstettner Meisters ist in Schloss Ulmerfeld zu besichtigen. 400 Exponate von der Hallstattzeit bis ins 19. Jahrhundert führen die Kreativität vor Augen, die die Menschheit seit jeher an den Tag legte, wenn es ums Kämpfen und Töten ging. Beeindruckend, wie viel Wissen und Können man schon immer in diese ausgeklügelten Werkzeuge investierte. Und das mit einer Liebe zum oft heiter verspielten Detail, die angesichts des blutigen Zwecks der meisten Waffen durchaus befremdlich anmuten kann. Befasst man sich mit der Verwendungsweise der Exponate, stellt man aber auch fest, dass die Ästhetik stets im Sinne der Effizienz der jeweiligen Waffe stand – »form follows function« sollte man dieses Prinzip, das schon eisenzeitliche Waffenschmiede beherzigten, einmal nennen.

Adresse Burgweg 1, 3363 Ulmerfeld | Anfahrt Ulmerfeld liegt südwestlich von Amstetten an der B 121 (Weyerer Straße). | Öffnungszeiten Mo – Fr 8 – 12 Uhr, Tel. 07475/54037 oder 07472/601363 | Tipp Michael Datzberger braut in seinem Vierkanter Bier. Der heißt nun Bierkanter und liegt ganz in der Nähe, der Hofladen ist täglich von 9 – 17 Uhr geöffnet (Haag 2, 3300 Winklarn, Tel. 0664/1831717, www.bierkanter.at).

94 Das Museum in der Konditorei

Hör mal, wer da klopft!

»Jeder hat seinen Klopfer«, erklärt Karl Piaty, Seniorchef der legendären Konditorei im Zentrum Waidhofens, und er meint das überhaupt nicht böse. Erklären lässt sich dieser Satz am besten unter dem Dach der Konditorei, wo Dutzende schmiedeeiserne Türklopfer aus der Zeit vor der allgemeinen Elektrifizierung an einer Wand hängen. Und diese Klopfer klingen nicht nur je nach Form, Gewicht und Ausführung unterschiedlich, sondern auch je nachdem, wer sie verwendet. So hat eben jeder seinen eigenen Klopfer, damit ist ganz einfach das Klopfgeräusch gemeint, an dem man mit etwas Erfahrung erkennbar ist. – Wertvolles Wissen, das womöglich in der nächsten hitzigen Situation, in der jemandem ein »Klopfer« attestiert wird, zur Deeskalation beitragen könnte.

Dabei sollten die lehrreichen Zeugnisse alter Handwerkskunst gemeinsam mit den Häusern, an denen sie ihren Dienst getan hatten, eigentlich entsorgt werden: 150 Höfe, oft viele Jahrhunderte alt, mussten in der Nachkriegszeit im Umkreis von Waidhofen Neubauten Platz machen. Die Inneneinrichtung wanderte meist in den Ofen. »Er fand das einfach schade«, erklärt Karl Piaty die Beweggründe seines Vaters, wenigstens einen Teil davon aufzubewahren. 2.500 Gegenstände aus einem Umkreis von nur zehn Kilometern sind es schließlich geworden, sie machen den Dachboden der Konditorei zum Heimatmuseum und bewahren einen Teil des Kulturerbes der Region.

Dabei war der alte Konditormeister eher Visionär als Nostalgiker. Er zählte zu den Pionieren der Fotografie und machte bereits 1935 Versuche mit Farbfilmen, was damals extrem selten war. Ein riesiges Erbe wird derzeit aufgearbeitet und digitalisiert, was einige Jahre in Anspruch nimmt. Es hat eben jeder seinen eigenen Klopfer, das weiß man im Hause Piaty ganz genau und ist darauf durchaus stolz.

Adresse Volkskundesammlung Piaty, Unterer Stadtplatz 39, 3340 Waidhofen, Tel. 07442/53110 | Anfahrt An der B 121 gelegen. | Öffnungszeiten Besichtigung gegen Voranmeldung Mo – Mi | Tipp Alte Handwerkskunst kann man in Waidhofen auch live erleben. Werfen Sie beim Stadtspaziergang einen Blick zur Fassbinderei Schneckenleithner, direkt unterhalb der Zellerbrücke (Unter der Leithen 13, 3340 Waidhofen).

95__Das Wetterhäuschen

Heiß umfehdet, wild umstritten

»Man sieht nur, was man weiß.« Goethe brachte auf den Punkt, warum es so wichtig ist, die Neugier wachzuhalten und den Horizont immer zu erweitern: So bleiben nämlich auch beim Flanieren im vermeintlich vertrauten Gebiet die Aha-Erlebnisse nicht aus. Unzählige Male geht man achtlos an einem Gegenstand vorüber, ohne ihn wahrzunehmen – bis einem bewusst wird, dass selbst ein scheinbar banales Stück Stadtmöblierung interessante Geschichten erzählen kann. Oft ist der Anlass für diese Erkenntnis freilich die Tatsache, dass der betreffende Gegenstand von einem Tag auf den anderen nicht mehr da ist.

Man weiß nämlich auch nur, was man wissen will. Und so kam es, dass ein Waidhofener Vizebürgermeister über Nacht eines der Wahrzeichen seiner Stadt entfernen und entsorgen ließ. Das Waidhofener Wetterhäuschen war im Jahr 1900 auf Initiative privater Spender und Vereine auf dem Oberen Stadtplatz als Pendant zur Mariensäule aufgestellt worden. Die außen historistische, innen hochmoderne Wetterstation war der Stolz vieler Waidhofener, Baron Rothschild schenkte der Stadt dazu einen schmiedeeisernen Baldachin. Das Ensemble mit dem anmutigen Dach wurde zum beliebten Postkartenmotiv und Wahrzeichen der Hammerherrenstadt. Allerdings nur bis zum Jahr 2000.

Bürger entdeckten das schnöde abgerissene Wetterhäuschen auf einer Deponie. Auf öffentlichen Druck hin wurde es wieder aufgestellt – weit entfernt von seinem ursprünglichen Ort. Dort stand nämlich ein neuer Nirosta-Brunnen, der seinerseits nach einer Bürgerbefragung wieder weichen musste. Der frei gewordene Platz ist nach wie vor leer: 2019 kam das Wetterhäuschen in die Stadt zurück, allerdings nicht an seinen angestammten Standort auf dem Oberen Stadtplatz, sondern an den Rand des Schlossparks.

Immerhin ist das weitgereiste Wahrzeichen wieder in Waidhofen. Womöglich hätte man es aber besser auf Räder gesetzt statt auf einen Sockel.

Adresse 3340 Waidhofen an der Ybbs | Anfahrt An der B 121 (Wiener Straße) gelegen. Der Schlosspark befindet sich unmittelbar beim Rothschildschloss, gegenüber der Stadtpfarrkirche. | Tipp Waidhofen hat viele sehenswerte historische Innenhöfe, einer der schönsten befindet sich hinter der eher unscheinbaren Fassade des Hauses am Oberen Stadtplatz 16.

96 Das Wimmelbild

Suchbild mit Hakenkreuz

Irgendetwas stimmt nicht mit dem Bild im Sitzungssaal des Waidhofener Gemeinderats. Vom Stil her erinnert die mit grobem Strich gemalte, großformatige Stadtansicht, die das »schaffende und feiernde Waidhofen« darstellt, an ein Wimmelbild aus einem Kinderbuch: knorrige Bäume im Vorder-, sonnenbeschienene Berge im Hintergrund, dazwischen das bunte, liebliche Waidhofen mit seinen hübschen Häusern und stattlichen Türmen, festlich beflaggt. Fuhrwerke rattern durch die Stadt, ein Maibaum steht vor ihren Mauern. So bunt wie das Bilderbuch-Waidhofen sind die dargestellten Menschen: Die Buben tragen Lederhosen und reiten auf Steckenpferden oder klettern im Geäst der Bäume, dirndltragende Mädchen hängen am Rockzipfel ihrer dirndltragenden Mütter, eine drückt ein riesiges Lebkuchenherz an die Brust. Ältere Frauen tragen Goldhaube, ältere Männer Gehröcke und Zylinderhüte.

Je länger man sich in das Wimmelbild vertieft, desto eigenartiger wird es. Warum schauen eigentlich alle Menschen so finster drein, und warum sind fast alle blond? Der Gitarrist trägt ein Burschenschafterkostüm, auch hinter einem Hornbläser lugt ein Student mit Phantasieuniform hervor. Was ist das für eine Uniform, die der Offizier rechts vorne anhat? Und der verletzte Soldat weiter links, der von einem deutschen Schäferhund begrüßt wird? Ein Blick auf das Datum des Bildes von Reinhold Klaus erklärt manches: Es wurde 1944 gemalt und ist nicht einfach nur Kitsch, sondern eben Nazi-Kitsch.

Es durfte hängen bleiben, nachdem die vielen Hakenkreuzfahnen rot-weiß-rot übermalt worden waren – angeblich ziemlich oft, da die Hakenkreuze immer wieder aufs Neue durchschimmerten. Zwei Fragen stellt man sich als Betrachter aber schon: Sind Hakenkreuze, wenn sie übermalt sind, auch wirklich verschwunden? Und warum wurde dieser Schinken nicht längst in die Rumpelkammer geräumt, in die er gehört?

Adresse Oberer Stadtplatz 28, 3340 Waidhofen an der Ybbs, Tel. 07442/511 | **Anfahrt** An der B 121 (Wiener Straße) gelegen. | **Öffnungszeiten** täglich 8–12 Uhr, Mo, Mi, Do auch 13–16, Di 13–17 Uhr | **Tipp** Lassen Sie sich Zeit beim Besuch im »offenen« Rathaus: Man setzt hier vorbildlich auf Transparenz und erklärt im Detail die Hintergründe aktueller Stadtentwicklungsprojekte.

97_Die Spinnerei

Österreichs älteste Fabrik

Kein Wunder, dass man sich gerade in der Barockzeit so intensiv mit der Vergänglichkeit auseinandersetzte: So mächtig und prunkvoll jemand an einem Tag auftrat, so aussichtslos und elend konnte es am nächsten Tag um ihn bestellt sein.

Das illustriert in Walpersdorf eines der größten erhaltenen Renaissanceschlösser des Landes. Helmhard VIII. hieß der bedeutendste Vertreter der Familie Jörger, der dank seines finanziellen Geschicks zu einem der einflussreichsten Adeligen Österreichs aufstieg. 1576 kaufte er die Herrschaft Walpersdorf und ließ das bescheidene Schloss auf seine heutigen Dimensionen ausbauen. Es weckte offenbar Begehrlichkeiten an höherer Stelle: Kaiser Ferdinand II. ließ Helmhards Sohn als aufständischen Protestanten zu Tode foltern und schenkte das Schloss seiner Frau Eleonora Gonzaga. Ihr Wappen ziert heute noch die Türme der Hauptfront.

Durch Heirat gelangte Walpersdorf 1645 an Georg Ludwig von Sinzendorf, auch dieser hatte ein Händchen für die Finanzen: Er war Reichserbschatzmeister, Mitglied des Geheimen Rates und Präsident der Hofkammer, somit Chef der höchsten Finanzbehörde des Kaisers. Zwischen 1669 und 1671 ließ er einen neuen Südflügel erbauen und brachte dort eine Seidenspinnerei unter. Sinzendorf wurde wegen Korruption und Veruntreuung öffentlicher Gelder verurteilt, Walpersdorf wechselte mehrmals die Besitzer, wurde von der Sowjetarmee schwer in Mitleidenschaft gezogen und beherbergt heute ein Restaurant und die Ausstellungsräume eines gehobenen Innenausstatters.

Die ehemalige Seidenspinnerei hat die stürmischen Zeiten erstaunlich gut überstanden. Büsten römisch-deutscher Kaiser schmücken die Fenstergiebel, steinerne Fratzen die Dachtraufe. Nichts erinnert im Inneren des weitläufigen Gewölbesaals, der heute für Veranstaltungen genützt wird, an seine ursprüngliche Bestimmung: Er ist das älteste Fabrikgebäude Österreichs.

Adresse Schlossstraße 2, 3131 Walpersdorf | Anfahrt Über S 33, Ausfahrt Herzogenburg Nord nehmen. | Tipp Die Theyerner Höhe an der Theyerner Straße etwas nördlich von Inzersdorf ist ein schöner Aussichtspunkt über das Traisental, umgeben von Weingärten.

98__Die Milchmäderl

Schafskäse wie überall, nur ganz anders

Guter Käse ist die Summe aus vielen Schritten, die man gut gemacht hat. Das wissen Katharina und Gerald Schinwald, die einmal Karrieren in Bereichen wie Mode und Grafik geplant hatten, dann aber Hand in Hand und Schritt für Schritt in eine andere Richtung abgebogen sind. Sie studierten Nutztierwissenschaft und entdeckten ihre Leidenschaft für Schafe, die wesentlich intelligenter sind, als es ihr Ruf vermuten lässt.

Die beiden Umsteiger vertieften ihr Wissen über Käse bei Praktika im Ausland und beschlossen eines Tages, die Landwirtschaft von Katharinas Eltern zu übernehmen, dort ihre eigenen Schafe zu züchten und ihren eigenen Schafskäse herzustellen. Nicht unbedingt den für das Mostviertel typischen, als »Schofkas« vermarkteten Frischkäse, oder eher: nicht nur. Sie wollten auch Schnittkäse, Camembert, Ricotta und Cheddar vom Schaf herstellen. Sie machten Weideflächen aus den Äckern, bauten eine Käserei und einen großen Stall für die Schafe. Als dieser fertig war, fragte der Nachbar: »Habt ihr schon einmal ein Tier gemolken?«

Hatten sie nicht. Diesen Schritt gingen sie 2017 gemeinsam mit den 75 französischen Lacaune-Schafen, die sie gerade gekauft hatten. Auch die Schafe mussten erst lernen, was da auf sie zukam, doch der Anfangsstress ist längst entspannter Routine gewichen. An oberster Stelle steht hier ohnehin die Qualität, nicht das Tempo. Mittlerweile ist die Herde auf 130 Milchmäderl und drei Büberl herangewachsen, die ihre langen Schwänze behalten dürfen und sich hauptsächlich von Bioheu und -Grünfutter ernähren.

Schafherden funktionieren nach dem Motto »Gemeinsam sind wir stark«, doch ein paar Tiere gibt es immer, die herausstechen. Die werden dann »Paten« für Käsesorten, wie die besonders wuschelige Zenzi für den Camembert »Zarte Zenzi« oder die besonders wählerische Frieda, die dem Frischkäsegupf »Feine Frieda« den Namen gab.

Adresse Bio-Hofkäserei Schinwald, Weißenberg 1, 3313 Wallsee, Tel. 0660/6139762 oder 0664/5825073, www.milchmaederl.at | **Anfahrt** A 1 Ausfahrt Oed, auf der B 1 durch Oed, später links Richtung Schweinberg fahren. | **Tipp** Zu den glücklichen Schafen passt der glückliche Ort oder »locus felicis«, wie die Römer das nahe Wallsee nannten. Sehr sehenswert ist die multimediale Rekonstruktion eines römischen Kleinkastells (Donauberg 1, 3313 Wallsee). Eintrittsmünzen bekommen Sie in allen Geschäften und Gasthäusern des Ortes sowie im Gemeindeamt.

99 Der Keller

Einfach nur Most ist gar nicht so einfach

Früher war sicher nicht alles besser, aber vieles war einfacher. Der Most zum Beispiel. Gerade noch ein billiger Durstlöscher für Anspruchslose, besprechen spezialisierte Sommeliers heute die Birnenmoste der Region mit dem gleichen Fachvokabular wie erlesene Weine. Das ist auch gut so. Erst durch sein neues Image ist wieder Interesse für das traditionsreiche Getränk entstanden, und nur so hat es Zukunft. Immer seltener werden hingegen die Holztafeln, auf denen das Wort »Most« und darunter ein Pfeil steht. Sie sind ein untrüglicher Hinweis, dass hier Most ohne viel Schnickschnack verkauft wird, was ja auch gut ist. In der Nähe von Weistrach steht so ein Schild. Man sollte dem Wegweiser in die gute alte Zeit unbedingt folgen.

»Haben Sie eh eine Flasche mit?«, wird man als potenzieller Kunde gefragt. Sollten Sie keine dabeihaben, werfen Sie trotzdem einen Blick in den Keller des Bauernhauses aus dem Jahr 1864. Die 30 stattlichen Holzfässer dort unten sind etwas jünger, sie stammen aus den 1950er Jahren. Es gibt Apfel- oder Mischlingsmost von den 500 eigenen Bäumen, meist Dorschbirnen, aber nicht nur.

Und vielleicht bleibt man länger als geplant in diesem Keller. Es duftet so herrlich, überhaupt nicht modrig, sondern nach dem reifenden Most. Bei aller Patina herrscht ja penible Sauberkeit, mit scharfkantigen Steinen werden die Fässer jeden Sommer innen geschrubbt. Aber das Kosten braucht Zeit. Jedes Fass schmeckt anders, jeder Jahrgang natürlich auch, der Apfelmost ganz anders als der gemischte, Ersteren »mögen mehr die älteren Herren«, meint Frau Lettner. Womöglich landet man unversehens doch wieder bei der Sprache der Sommelier-Szene. Dort ist schließlich auch ein Trend zu naturbelassenen Weinen entstanden. Was im Anger-Lehner-Hof da im Keller lagert, ist vielleicht gar nicht die Vergangenheit, sondern der Zukunftstrend schlechthin. Vielleicht wird man einmal »natural most« dazu sagen.

Adresse Hof Anger-Lehner, Familie Lettner, Voralpenstr. 21, 3351 Weistrach, Tel. 0676/6063244 | Anfahrt Das Holzschild steht direkt an der B 122 (Voralpenstraße) westlich von St. Peter. | Tipp Sollten Sie nur eine einzige spätgotische Kirche der sogenannten Donauschule sehen wollen, dann wählen Sie die Stephanuskirche in Weistrach. Das Schlingrippengewölbe ist Origami aus Stein, das Raumgefühl einzigartig.

100 St. Johann in der Wüste

Die verschwundene Zwingkirche

Wo ist hier die Wüste? Die Wiese hinter dem Stein am Wegrand strotzt auch im Spätsommer noch vor saftigem Grün. Im Hintergrund entfaltet der Ötscher seine volle Pracht und Breite, dazwischen liegen die Ötschergräben – ein beliebtes, auch im Hochsommer angenehm feucht-kühles Wandergebiet.

Es kann also nicht an einem Mangel an Niederschlag liegen, dass die Pfarrkirche, die da an der Stelle des Gedenksteins einst stand, »Sankt Johann in der Wüste« hieß. Der Name verrät vielmehr etwas über ihre Erbauer und deren Einstellung zu ihrer Pfarrgemeinde. Die hier einst lebenden und arbeitenden Holzknechte waren Geheimprotestanten, was ihre katholischen Auftraggeber nolens volens in Kauf nehmen mussten – schließlich war man auf ihr Know-how angewiesen.

Doch fanden die Grundherren einen durchaus perfiden Weg, die »Akatholischen« in die katholische Messe zu zwingen: Man zahlte ihnen den Lohn erst nach dem Besuch des Gottesdienstes aus und baute den aufmüpfigen Holzfällern dafür sogar eine eigene Kirche – womöglich wollte man sie ja auch nicht zu nahe an die braven, aber wenigen heimischen Katholiken heranlassen, die angesichts der vielen »Gastarbeiter« schon bald in der Minderheit waren, wer weiß. Als Namenspatron wählte man Johannes den Täufer, der bekanntlich in der Wüste seiner Berufung nachging. Der kleine Seitenhieb auf die »ungläubige« Gegend, die somit als Wüste dastand, wird wohl beabsichtigt gewesen sein.

Die unchristlichen Gemeinheiten blieben nicht folgenlos: Als 1785 endlich das Toleranzbethaus in Mitterbach gebaut werden durfte, wurde St. Johann in der Wüste abgetragen. Das Mobiliar verwendete man weiter: Die beiden Engel der ältesten evangelischen Kirche Niederösterreichs in Mitterbach stammen aus der katholischen Zwingkirche. An diese erinnert heute sonst nichts mehr, außer einem – protestantischen – Gedenkstein.

Adresse 3223 Wienerbruck, der Gedenkstein liegt am Ötscher-Rundweg 11b | Anfahrt Wienerbruck liegt an der B 20 (Mariazellerstraße). Man erreicht den Gedenkstein über die Jausenstation Ötscherhias (zuerst dem Weg 11a am Mühlbach folgen, bei der Forststraße rechts abbiegen) oder über das Forsthaus Hagen. | Tipp Das Schutzhaus Vorderötscher ist der ideale Ausgangspunkt für Wanderungen im heute menschenleeren Gebiet (Informationen und Reservierung unter Tel. 02728/21100, Naturparkzentrum Ötscher-Basis).

101 Das Oktogon

Österreichs älteste Fresken

Wieselburg verströmt den Charme einer lang gestreckten Gewerbezone an der Bundesstraße. Seiner verkehrsgünstigen Lage verdankt der Ort aber auch die Errichtung einer Wehrkirche zu einer Zeit, als die Jahreszahlen noch dreistellig waren. »Zuisila« hieß der strategisch wichtige Ort am Zusammenfluss der Großen und der Kleinen Erlauf damals, was so viel wie »im Zwiesel« oder im »Zwickel« der beiden Flüsse bedeutete.

Bischof Wolfgang von Regensburg war der Auftraggeber des Baus, der um das Jahr 1000 vollendet wurde, nach byzantinischem Vorbild: ein Würfel mit einem achteckigen Aufbau, der in eine Kuppel übergeht. Die ottonische Kirche steht heute noch in Wieselburg, sie ist der älteste erhaltene Sakralbau Österreichs. Auch die nur noch fragmentarisch vorhandenen vorromanischen Fresken sind die ältesten ihrer Art im Land. Ein Weltenherrscher ist noch zu erkennen, die Symbole der Evangelisten, womöglich Szenen aus der Bergpredigt.

Freilich: Der Gedanke, Altes möglichst originalgetreu zu bewahren, ist relativ jung, und so wurde auch an dem Gebäude aus den frühen Jahren des späteren Österreich immer wieder weitergebaut.

Immerhin wurde es nicht wie so viele andere Kirchen einfach abgerissen: Im 16. Jahrhundert fielen zwar drei Seiten des Oktogons dem Anbau eines gotischen Langhauses zum Opfer, doch die Kuppel lebte als Presbyterium weiter. Viele Jahrzehnte und einen Großbrand später wurde die Kirche in der Mitte des 20. Jahrhunderts stark erweitert, eigentlich stückelte man eine ganze neue Kirche an einen Teil des Langhauses an. So entsteht heute der Eindruck, im Inneren dieses eigenwilligen Kirchenraums durch die Jahrtausende zu flanieren: Von den 1950er Jahren geht es fast 1.000 Jahre zurück bis zum Baubeginn des Oktogons. So thront einer der altehrwürdigsten Plätze des ganzen Landes hoch über der Logo- und Werbeflut des vom Kommerz überschwemmten Ortes. Und wo Würde ist, da ist auch Hoffnung.

Adresse Kirchenplatz, 3250 Wieselburg | Anfahrt A 1, Ausfahrt Wieselburg, an der B 25 gelegen. | Tipp Noch älter als die Kirche sind die Exponate des Wieselburger Museums für Ur- und Frühgeschichte am Hauptplatz 7. Schmuck und Waffen aus früheren Jahrtausenden bezeugen die uralte Siedlungsgeschichte am Erlaufzwickel (geöffnet Mo – Fr 9 – 11 Uhr, Mi auch 13 – 16 Uhr nach Voranmeldung unter Tel. 07416/52319).

102 Der Matrassteig

Berg am Strome

»Land der Berge, Land am Strome«, so beginnt die österreichische Bundeshymne. Donau und Alpen bilden ein mitunter spannungsreiches Ganzes. Man muss sich genügend Zeit nehmen, um die beiden großen Landschafts- und Kulturräume Österreichs zu erleben – oder kurz nach Ardagger fahren. »Tor zum Strudengau« nennt sich die Gemeinde auch, die ein Ruder und einen Bootshaken im Wappen führt.

Die Donau hat sich bei Ardagger ein Bett quer durch den Granit der Böhmischen Masse gesucht und ein enges Tal geformt, das für seine gefährlichen Strömungen berühmt war, ehe Flusskraftwerke den reißenden Strom für immer zähmten. So träge das Wasser heute auch fließt, so wildromantisch ist die Landschaft geblieben: Steile Felsen säumen den gebändigten Strom, vor allem am rechten Donauufer. Dort hat der Österreichische Touristenklub einen Steig durch eine Felswand angelegt, die zwar geologisch nicht zu den Alpen zählt, aber durchaus »alpine« Qualitäten aufweist.

Der Matrassteig gehört zu den seltenen Wanderwegen, die ausschließlich Vorteile bieten: Vom Parkplatz bei der Brücke weg führt der Weg gleich recht steil durch den Wald, lange Forststraßen-Hatscher entfallen. Kinder lieben die spektakulären Kletterpassagen entlang riesiger Granitblöcke, Sportkletterer die »richtigen« Kletterrouten, die dort auch angelegt sind, Eltern die Tatsache, dass der Steig dem Nachwuchs zwar Spaß macht, aber weder sonderlich gefährlich ist noch allzu lang. Dafür ist er aussichtsreich, immer wieder locken Abzweigungen vom Hauptweg weg in die Richtung von Felsen, unter denen weit unten die Schiffe vorbeiziehen.

Am schönsten ist der Blick freilich von der blumengeschmückten Terrasse der Hütte aus, die neben der schönen Aussicht alles bietet, was eine Berghütte eben bieten muss, vom Blunzengröstl bis zum Kaiserschmarrn. Mehr am Strome geht nicht, mehr Berg braucht es nicht.

Adresse Ausgangspunkt der Tour ist der Parkplatz bei der Donaubrücke, Wiesen 30, 3323 Hößgang; Brandstetterkogel-Hütte: Schaltberg 47, 3323 Neustadtl/Donau, Tel. 07471/2265 | **Anfahrt** An der B 119 gelegen. Gehzeit insgesamt etwa eine Stunde 45. | **Tipp** Einen ebenfalls lohnenden, aber ungleich einsameren Blick über den Strudengau hat man an dessen anderem Ende bei der Burgruine Freyenstein (Parkmöglichkeit beim Wegweiser auf der Straße nach/von Neustadtl).

103__Daisyworld

Wo die Sixties nie zu Ende gehen

Sie hießen Corinna, Dora und Dolly. Jede war eine Augenweide, aus bestem Haus und in jeder Hinsicht formvollendet. Doch gegen eine waren sie chancenlos: Alle wollten Daisy an den Lippen spüren. So hieß die beliebteste Kaffeetasse, die je in Österreich produziert wurde. Erfunden wurde sie 1959 in Wilhelmsburg, doch sie gilt als Ikone der 1960er Jahre.

Wie erfindet man einen Gegenstand, der für das Lebensgefühl einer ganzen Generation steht, so wie der Citroën 2CV, die Vespa oder eben Daisy? Eine von Genieblitzen durchzuckte Wolke umhüllt den Vorgang, doch Zufälle sind dabei nie am Werk. Was auf jeden Fall hilft, ist geschickte Werbung, und auch ein bisschen Frechheit gehört dazu: Da es technisch nicht möglich war, über mehrere Jahre hinweg den stets genau gleichen Pastellton zu erzeugen, setzte man von Anfang an auf die Kombination unterschiedlicher Farben und nannte das Ganze »Daisy Melange«.

Vor allem aber muss das Produkt von Menschen gemacht werden, die ihr Handwerk verstehen. In Wilhelmsburg wurde schon im 18. Jahrhundert Geschirr hergestellt, in den 1920er und 1930er Jahren hatte die Produktion Weltruf. Der Eigentümer der Wilhelmsburger Geschirrfabrik Kurt Lichtenstein floh vor den Nazis in die USA, kehrte als Conrad Henry Lester zurück und übernahm seine Firma in den 1940er Jahren wieder. Er leitete eine Modernisierung ein und arbeitete mit namhaften Künstlern und Designern zusammen. Sein damaliger Obermodelleur Josef Dolezal war noch zu kaiserlich-königlichen Zeiten an der Znaimer Fachschule für Tonindustrie ausgebildet worden. Mit Daisy, Dolly und Co. schuf er Geschirr, durch das man heute noch beim Kaffeetrinken die Roaring Sixties in der Tasse vibrieren fühlt. 1997 wurde die Geschirrproduktion von Wilhelmsburg nach Tschechien verlagert, die ehemalige Fabrik wurde zum Museum. Zum Kult-Museum natürlich, diese Disziplin beherrscht man hier.

Adresse Färbergasse 11, 3150 Wilhelmsburg, Tel. 02746/4644, www.geschirr-museum.at | **Anfahrt** Über die B 20 nach Wilhelmsburg, dort in die Berggasse abbiegen und den Hinweistafeln folgen. | **Öffnungszeiten** Mai–Okt. Mi–Fr 8.30–12 und 13–15 Uhr | **Tipp** Die kleine Landwirtschaft »Wachtelei« setzt auf seltene Tierarten – hauptsächlich natürlich auf Produkte von der Wachtel: Eier roh oder eingelegt, Wachteleier-Likör, gefüllte Schokoladen, aber auch Wachtelfleisch und -wurst (Kanzling 1, 3150 Wilhelmsburg, http://diewachtelei.at).

104 Der Russenfriedhof

Krieg und Frieden im Mostviertel

Russland und Österreich verbindet eine wechselvolle Beziehung. Kriegerdenkmäler listen in fast jedem Dorf die Namen der Männer auf, die im Krieg gegen »die Russen« starben: Beim verlustreichen Kampf des Habsburgerreichs gegen die Armee des Zaren, vor allem aber in Hitlers Vernichtungskrieg gegen die Sowjetunion.

Kaum noch im kollektiven Gedächtnis verankert ist das Bündnis zwischen dem Zarenreich und den Habsburgern zu Beginn des 19. Jahrhunderts, als die alten Kaiserreiche von Napoleon hinweggefegt zu werden drohten. Im Vorfeld der Schlacht von Austerlitz kam es zu zahlreichen Gefechten und Scharmützeln. Die in Ober- und Niederösterreich gelegenen Schauplätze einer langen Reihe militärischer Misserfolge der Österreicher und Russen gingen nicht nur in die Geschichtsbücher, sondern auch in die Weltliteratur ein: Leo Tolstoi setzte ihnen in seinem Roman »Krieg und Frieden« ein Denkmal.

Auch in der Landschaft selbst, in der damals Hunderttausende kämpften, litten und starben, ist noch die eine oder andere Erinnerung an die napoleonische Epoche erhalten. Am Rand der B 1, westlich von Melk, sieht man schon aus der Ferne zwei stattliche Linden, die ein Massengrab markieren: Nach der Schlacht von Austerlitz internierten die Franzosen russische Kriegsgefangene in Melk. Die Gefangenen entzündeten ein wärmendes Feuer in der Nordbastion, achteten aber nicht auf den fehlenden Abzug. 300 Männer erstickten in den Rauchgasen. 1891 wurde auf ihrem Grab »auf allerhöchsten Befehl« des Zaren Alexander III. ein edles, russisch und deutsch beschriftetes Marmorkreuz errichtet. 1945 wurde die Gedenkstätte von sowjetischen Besatzungssoldaten renoviert und mit einem Eingangstor versehen, an dem auch zwei mittlerweile gestohlene Stalin-Gedenktafeln prangten.

Der »Russenfriedhof« bei Winden wird heute meist übersehen, erinnert aber an eine bedeutende Episode der Weltgeschichte.

Adresse direkt an der Bundesstraße B 1, 3390 Winden | Anfahrt B 1, von Melk kommend fährt man an der Einfahrt nach Winden vorbei, 200 Meter nach der Brücke über die Melk ist man am Ziel. | Tipp 1945 befreite die Sowjetarmee im benachbarten Melk eines der größten Außenlager des KZ Mauthausen. Ein Besuch der heutigen Gedenkstätte ist jederzeit möglich, in der benachbarten Freiherr Karl von Birago-Kaserne erhält man gegen Vorlage eines Ausweises den Schlüssel zum Tor (Schießstattweg 2, 3390 Melk, www.melk-memorial.org).

105 Das Schauerkreuz

Schauriger Ort, schöne Aussicht

Neben dem Waidhofener »Gollnpüchl«, also Galgenberg, stand eine Kapelle mit einer Kreuzigungsgruppe, von der Bevölkerung »Schauerkreuz« genannt. Hier verrichteten die Verurteilten ein letztes Gebet, ehe sie mit Hilfe der bewährt grausamen Vielfalt damaliger Hinrichtungsmethoden ins Jenseits befördert wurden.

Einen Vorgeschmack darauf boten den Unglücklichen die Figuren der beiden Verbrecher, die neben Jesus am Kreuz starben: Der mittelalterliche Künstler hat ihre gebrochenen Glieder so um die Kreuze geschlungen, dass die beiden Erbarmungswürdigen ihr Leben unter größten Schmerzen halb gekreuzigt, halb gerädert aushauchen müssen.

Beim Bau der Kronprinz-Rudolf-Bahn im Jahr 1871 stand der seit dem späten Mittelalter dokumentierte Galgenbichel im Weg. Man riss den alten Galgen samt Kapelle ab und machte eine grausige Entdeckung: Das letzte Gebet war offenbar auch das äußerste Maß an Christlichkeit, das den Verurteilten zugestanden worden war. Da sie nicht auf einem geweihten Friedhof bestattet werden durften, verscharrte man, was die Raben nach der wochenlangen Zurschaustellung des verwesenden Leichnams übrig gelassen hatten, kurzerhand unter dem Galgen – und das viele Jahrhunderte lang. Entsprechend viele Skelette wurden damals freigelegt.

Die Kapelle und zahlreiche Häuser wurden abgerissen, die Kreuzigungsgruppe hingegen blieb erhalten. 1885 wurde sie in einer einfachen, mittlerweile erneuerten Holzkapelle auf dem Schobersberg bei Windhag aufgestellt. Ein Rechtsstreit verzögerte jahrelang ihre Restaurierung, doch mittlerweile hängen Jesus und die Verbrecher wieder schaurig schön und wie frisch ans Kreuz geschlagen in ihrer Kapelle.

Beim Hinausgehen ist das Grausen angesichts der Bilderbuchlandschaft, die einem zu Füßen liegt, rasch wieder vergessen. Wer gesunde Glieder hat, wird diese hier oben mit größtem Genuss strecken.

Adresse Schobersberg, 3340 Windhag | Anfahrt Von Waidhofen über die Urltal- und die St. Leonharder Straße. Der Schobersberg ist zu Fuß von Windhag in wenigen Minuten über die Sankt Leonharder Straße und einen markierten Wanderweg erreichbar. | Tipp Aussicht ohne Schauer, dafür mit einem besonderen Klangerlebnis gibt es am gegenüberliegenden Sonntagberg: In der Rotte Nöchling 5 lädt der sogenannte »Klangturm« zu akustischen Experimenten ein.

106 Die Street-Art-Wände

Wenn Silos und Stadlwände zu erzählen beginnen

Für die einen ist sie die urbanste Kunst, für die anderen Sachbeschädigung. Street-Art lässt niemanden kalt, seit die alten Römer damit angefangen haben. Doch wie wäre es, wenn die anarchische Kunst im öffentlichen Raum die Menschen zur Abwechslung einmal anstatt aufregen würde?

Nach einer solchen Anregung suchte Katharina C. Herzog, als sie ihre Diplomarbeit an der Universität für angewandte Kunst in Wien machen sollte. Stadt- und Landmenschen, deren Lebenswelten oft so gegensätzlich wirken, wollte sie miteinander ins Gespräch bringen. Gemeinsam mit ihrem Studienkollegen David Leitner kam sie auf die Idee, es mit Street-Art zu versuchen. Nur eben nicht am Donaukanal, wie alle anderen. Sondern in Würmla.

Katharina ist in der idyllischen Gemeinde aufgewachsen. Mit David machte sie sich auf den Weg in die alte Heimat, um geeignete Wände zu finden und deren Besitzer von ihrer Idee zu überzeugen. Nach etwas anfänglicher Skepsis kamen bei den Gesprächen schnell Wünsche, Sorgen und Erinnerungen der Würmlinger zur Sprache, oder Lebensweisheiten wie: »Wenn du mehr hast, als du unbedingt brauchst, dann bau keine Mauern, sondern einen größeren Tisch.« Der ist nun als riesiges Wandbild zu sehen, gedeckt mit allerlei Köstlichkeiten. 13 Schwarz-Weiß-Bilder, die für die Geschichten der Menschen dahinter stehen, hat David so auf Wände in und um Würmla gemalt. Man kann sie auf einem Rundweg erwandern, dabei die von den Bildern erzählten Geschichten ergründen und, wie es sich beim Wandern eben oft ergibt, mit anderen Menschen ins Gespräch kommen.

An einer der Wände eines lang gestreckten Stallgebäudes in Egelsee sind Köpfe von fünf Menschen aus fünf Kontinenten abgebildet. Das Denken über die Grenzen hinweg ist den Hofeigentümern ein Anliegen, außerdem ein möglichst weiter Horizont – denn diesen gibt es definitiv nicht nur in der Stadt, sondern auch mitten im sanft gewellten Tullnerfeld.

Adresse Auf http://wurmlaswalls.com finden Sie den Plan einer gut 20 Kilometer langen Wanderroute, die beim Schloss in 3042 Würmla beginnt – man kann sie natürlich in kürzere Abschnitte unterteilen. | **Anfahrt** A 1 Ausfahrt Altlengbach, dann über die B 19 weiterfahren. | **Tipp** In der heute so friedlich stimmenden Landschaft wüteten einst die Franzosenkriege. Ihnen fiel die barocke Goldburg im nahen 3142 Murstetten zum Opfer. Nur das Mausoleum in einem verwilderten Rest des Schlossparks gleich oberhalb der Kirche ist noch übrig.

107 Das Donaukraftwerk

Strom aus dem Strom

Wer das alte Habsburgerreich »Donaumonarchie« nennt, weckt Bilder von Weite, Vielfalt und womöglich einer gewissen Langsamkeit zum Leben. Im heutigen Österreich ist die Donau hingegen ein Gebirgsfluss: Auf den knapp 350 Kilometern, die sie durch das Staatsgebiet fließt, überwindet sie einen Höhenunterschied von 150 Metern.

Jahrhundertelang war sie entsprechend unberechenbar und gefürchtet, erst im späten 19. Jahrhundert gelang eine schrittweise Regulierung. Wien erhielt im Jahr 1876 eine erste stabile Brücke über die »Neue Donau«, die endlich in ein fixes Bett gezwängt werden konnte.

So richtig gezähmt wurde der wilde Strom, der heute so unendlich träge wirkt, aber erst durch den Bau von Kraftwerken ab den 1950er Jahren. Neun von insgesamt 18 Donaukraftwerken befinden sich dank des Höhenunterschieds auf österreichischem Staatsgebiet, sie decken 20 Prozent des Energiebedarfs des Landes. Das älteste davon befindet sich zwischen Ybbs und Persenbeug. Es wurde zwischen 1956 und 1959 errichtet und zählt zu den Symbolen des Wiederaufbaus nach dem Zweiten Weltkrieg. Der Enthusiasmus und die Aufbruchsstimmung von damals werden auch bei der Besichtigung des 2015 runderneuerten, heute auch als »Besucherkraftwerk« dienenden Bauwerks spürbar. Neben der Möglichkeit, die gewaltigen Turbinen aus nächster Nähe zu begutachten, sorgen vor allem der bewusst gepflegte Chic der 1950er Jahre sowie die Begeisterung des Sprechers einer damaligen Wochenschau für bleibenden Eindruck.

Damals, als der Glaube an den Fortschritt noch ungebrochen war, wollte man die Donau auch in der Wachau und in der Aulandschaft zwischen Wien und Bratislava für die Stromgewinnung aufstauen. Das verhinderten heftige Proteste. Die verschonten Gebiete wurden mit den Prädikaten Weltkulturerbe beziehungsweise Nationalpark ausgezeichnet – was nachdenklich stimmt. Wie andere vom Rückstau geschluckte Landschaften früher aussahen, lässt sich nur erahnen.

Adresse Donaudorfstraße 2, 3370 Ybbs an der Donau | Anfahrt Das Kraftwerk liegt an der B 25 (Erlauftal Straße), kurz vor Ybbs stromaufwärts. | Öffnungszeiten Führungen April – Okt. Mo – Fr 14 Uhr, Sa, So, Feiertage 13 und 15 Uhr, Anmeldung unter Tel. 0650/3002236 oder info@kraftwerksfuehrungen.at | Tipp Passend zum beliebten Donauradweg hat Ybbs ein sehenswertes Fahrradmuseum (Herrengasse 12, 3370 Ybbs, geöffnet April – Okt. täglich 9 – 18 Uhr).

108 Die Statue

Propaganda aus Gusseisen

In Zeiten sozialer Netzwerke ist es in der Politik ein Anfängerfehler, sich mit einer weißen Tafel in der Hand fotografieren zu lassen. Mit Sicherheit nützt der nächstbeste Spaßvogel die Gelegenheit, den Text auf der Tafel in sein Gegenteil zu verkehren und das lustige Bild dann mit möglichst vielen Menschen zu teilen.

Was heutige Politikberater wissen, war freilich schon im 19. Jahrhundert ein alter Hut. Das 100-jährige Jubiläum der Thronbesteigung Josephs II. im Jahr 1880 wollten vor allem die Deutschnationalen in der Monarchie nützen. Franz Josephs auf Ausgleich der ethnischen Spannungen bedachte Politik war ihnen ein Dorn im Auge. Joseph II. hingegen hatte wenigstens versucht, das Deutsche als Staatssprache durchzusetzen.

Soziale Medien gab es damals zwar noch nicht, aber die Industrialisierung bot Möglichkeiten, Botschaften in großer Stückzahl herzustellen: Die Fürst Salm'sche Eisengießerei im mährischen Städtchen Blansko, in der auch Otto Wagners Sonnengitter gegossen wurden, nahm 1880 eine Eisenfigur des Kaisers in ihren Katalog auf. Aus allen Ecken der Monarchie trudelten Bestellungen ein, Frühbucher waren im Vorteil: 1880 kosteten Statue und Sockel umgerechnet 3.000 Euro, 1910 bereits das Doppelte.

Das Schönste daran: Der Kaiser hält ein Täfelchen in der Hand, dessen Text variiert werden konnte. »Aufhebung der Leibeigenschaft« stand oft darauf, so auch in Ybbs. Allzu direkt spielte man nicht auf die Sprachpolitik an, doch es wussten ohnehin alle, worum es ging.

Der Großteil der Statuen ist heute verloren: Sie standen vorwiegend in sprachlichen Konfliktzonen, die 1919 von Österreich abgetrennt wurden. Unzählige Male stürzte Joseph von seinem Sockel. Einige wenige Exemplare sind erhalten geblieben, eines davon in Ybbs. Dass es sich bei der Gusseisenstatue um einen Bronzeguss handeln soll, wie die erklärende Tafel behauptet, ist freilich Unsinn.

Adresse Kaiser-Josef-Platz 3, 3370 Ybbs an der Donau | Anfahrt An der B 25 gelegen. | Tipp Noch ein einstiger deutschnationaler Pilgerort ist das Denkmal für die Völkerschlacht bei Leipzig auf dem »Kirl« genannten Aussichtsberg. Das Denkmal interessiert heute niemanden mehr, und die Gegend ist verbaut, der Blick aber nach wie vor traumhaft. Man erreicht den Hügel (Am Kirl) über die Vogelsangstraße, die Brüder-Petz-Gasse und die Kirlstraße.

109 Die Tannhäuserhöhle

Eine strategische Wahl

Tannhäuser war der Name eines Minnesängers, der im 13. Jahrhundert am Babenberger Hof lebte und nach dem Tod Herzog Friedrichs des Streitbaren nach Nürnberg übersiedelte. Dass gerade dieser Sänger und nicht etwa ein Mitglied der mit Tannhäusers eng verwandten Familie Rindsmaul zum Gegenstand einer bekannten Sage wurde, sollte sich noch als Glücksfall für Richard Wagner herausstellen. Tannhäuser hauste der Überlieferung nach im sogenannten Venusberg, wo er allerlei Unchristliches getrieben haben dürfte. Als reuiger Sünder wurde er vom Papst abgewiesen und kehrte für immer in den Berg zurück.

Den sagenhaften Venusberg hätte so manch Touristiker zwischen der Steiermark und Thüringen gern in seinem Gemeindegebiet, doch gibt es über dessen Lage nur Vermutungen. Wesentlich sicherer weiß man, wo Tannhäuser tatsächlich zu finden ist: In der Nähe von Ybbsitz nämlich, im Prochenberg. Dort liegt er allerdings mit keiner Venus im Bett, sondern sitzt nur langweilig an einem Tisch, bewacht unermessliche Reichtümer und sieht seinem Bart beim Wachsen zu.

Dass ein Ritter, der angeblich auf den Weltuntergang, vielleicht aber auch nur auf Besuch wartet, den Prochenberg als Quartier auswählt, ist plausibel: Nirgendwo sonst ist die Versorgung mit diversen Ersatzteilen für Rüstung und Waffen so gut wie an der Ybbsitzer Schmiedemeile. Wer sich darüber einen Eindruck verschaffen möchte, beginnt den Spaziergang zu den Höhlen am besten beim Eybl-Hammer, wo man einen Blick in die Werkstatt des lebenden Eisenstraßen-Wahrzeichens Sepp Eybl werfen kann. Danach folgt man dem reizvollen Fußweg über eine von den Ybbsitzer Schmieden gestaltete Brücke bis zum Tannhäusersteig, der in wenigen Minuten durch den Wald zu zwei Höhlen führt. Am Eingang einer der beiden steht ein von Kunststudenten gestalteter eiserner Ritter, der Weg in den Berg zum echten Tannhäuser ist jedoch von einem Felsbrocken verschlossen.

Adresse Beginn des Weges beim Eybl-Hammer: In der Noth 49, 3341 Ybbsitz; ein alternativer, näherer Ausgangspunkt ist die Tannhäuser-Schmiede: Prochenberg 39, 3341 Ybbsitz | Anfahrt Ybbsitz liegt an der B 22, die Schmiedemeile südlich des Zentrums ist gut ausgeschildert. | Tipp In die faszinierende Welt der Eisenverarbeitung taucht man am besten im Schmiede-Erlebnismuseum Ferrum ein (Markt 24, 3341 Ybbsitz, Tel. 07443/85300, Informationen unter www.schmieden-ybbsitz.at/ferrum).

110 Die Traisenmündung

Vorwärts zur Natur

Gut Ding braucht eben Weile. Bereits 1541 ärgerte sich Kaiser Ferdinand I. über den schlechten Zustand der Traisen, deren Fischbestand dramatisch abgenommen hatte. Er forderte den ökologischen Rückbau der Uferbereiche, damit die Fische wieder flussaufwärts wandern konnten. 2018 war es dann so weit: Der ökologische Zustand der Traisen hatte sich von »ungenügend« auf »gut« verbessert. Immerhin 32 der bekannten 50 Fischarten der Donau können heute wieder in der Traisen nachgewiesen werden.

Vor dem Happy End ging es aber noch ordentlich bergab mit dem Fluss. In der zweiten Hälfte des 20. Jahrhunderts schien die Traisen, deren Mündung im Zuge des Kraftwerkbaus von Altenwörth verlegt worden war, endgültig zu einer Kloake geworden zu sein. Eine stinkende braune Brühe ergoss sich schäumend aus einem viel zu engen künstlichen Bett in die Donau.

2014 erhielt der Fluss zum zweiten Mal in 40 Jahren ein neues Bett. Doch diesmal stand die Ökologie im Vordergrund. Grundstückseigentümer und Kraftwerksbetreiber hatten gemeinsam mit der Universität für Bodenkultur ein Konzept erarbeitet, um dem Unterlauf der Traisen neues Leben einzuhauchen. Ein überaus komplexes Projekt in einem Gebiet, dessen natürliche Auwälder und Gewässerläufe durch menschliche Eingriffe bereits stark verändert worden waren. Als von der EU gefördertes »Life+Projekt« wurden neun Kilometer neue Flusslandschaft geschaffen, für die über drei Millionen Kubikmeter Material weggeschaufelt und umgeschichtet wurden. 2016 war das größte Renaturierungsprojekt Österreichs abgeschlossen. Wobei der Begriff eigentlich falsch gewählt ist: Die Traisen wurde nicht in ihren ursprünglichen Naturzustand rückgeführt. Vielmehr wurde ein völlig neues Stück Natur geschaffen, das freilich schon wenige Jahre nach seiner Fertigstellung so aussieht, als wäre es schon immer so gewesen. Gut zu wissen, dass wir auch das können.

Adresse Kraftwerk Altenwörth, 3435 Zwentendorf an der Donau | Anfahrt Von Zwentendorf über die L 112 in Richtung Bärndorf, kurz vor dem Ort rechts abbiegen. Die neue Traisenmündung liegt etwas östlich des Kraftwerks Altenwörth. Vor der Einfahrt ins Kraftwerksgelände kann man das Auto stehen lassen und in die Au spazieren, am besten erkundet man das Gebiet aber mit dem Fahrrad. | Tipp Ganz verschwunden ist die ursprüngliche Traisen nicht: Als sie beim Kraftwerksbau ein neues Bett bekam, wurden aus dem alten Flussarm drei Naturbadeseen, die unmittelbar nördlich von Traismauer liegen. Die Wasserqualität ist hervorragend.

111_Der Reaktor

Das sicherste Kernkraftwerk der Welt

Hier wurden zwar nie Atome gespalten, dafür die Gesellschaft. 30.000 Stimmen gaben den Ausschlag: Am 5. November 1978 stimmten 50,47 Prozent der Teilnehmer einer Volksabstimmung gegen die Inbetriebnahme des fertig gebauten Atomkraftwerks Zwentendorf.

Es war die erste bundesweite Volksabstimmung Österreichs, ein Meilenstein der demokratischen Kultur und des Umweltbewusstseins in einem Land, dem die Anti-Atomkraft-Haltung seither in die DNA übergegangen ist. Das war nicht immer so. Als die konservative Regierung unter Bundeskanzler Klaus beschloss, drei Kernkraftwerke zu bauen, galt das noch als hoch an der Zeit. Der folgende sozialdemokratische Bundeskanzler Kreisky hielt an den Plänen fest. Die viel zu spät angesetzte Volksabstimmung verknüpfte er mit seinem politischen Schicksal und kündigte an, im Fall eines »Nein« zurückzutreten. Damit nahm eine merkwürdige Kettenreaktion ihren Anfang. Die Spaltung verlief nicht entlang der Bruchlinie pro oder kontra Atomkraft: Konservative Kernkraftbefürworter stimmten gegen das Kraftwerk, um Kreisky zu stürzen. Umweltbewusste Sozialdemokraten aus Parteiräson dafür, was sie Kreisky nie verziehen.

Der Kanzler akzeptierte den Entscheid teilweise: Zwentendorf ging nicht in Betrieb, doch er selbst blieb. Die nächsten Wahlen gewann er haushoch. Das einsatzbereite Atomkraftwerk, das umgerechnet bereits eine halbe Milliarde Euro gekostet hatte, wechselte in den Konservierungsbetrieb, der eine weitere halbe Milliarde verschlingen würde. 200 hoch spezialisierte Arbeiter und Ingenieure schlugen die Zeit mit sinnlosen Arbeiten tot, schweißten Drähte in Plastik ein und ölten Metallteile. Bis 1985, dann kam das endgültige Aus. Vielleicht hat das AKW eine Zukunft als Trainingszentrum für den Rückbau von Atomkraftwerken, vier baugleiche Kraftwerke sind in Deutschland noch in Betrieb. Einstweilen bleibt es, was es ist: ein grandioses Monument des Scheiterns.

Adresse Sonnenweg 1, 3435 Zwentendorf | **Anfahrt** Über die B 43 nach Heiligeneich, dann über Moosbierbaum und Dürnrohr in Richtung AKW Zwentendorf. | **Öffnungszeiten** Information und Anmeldung unter www.zwentendorf.com | **Tipp** Eine Zeitreise der besonderen Art gibt es auf Youtube: Tippen Sie »EVN« und »Zwentendorf« ins Suchfeld. Der Clip ist ein bizarrer AKW-Werbefilm aus den 1970er Jahren. Damals schräg, heute Kult. Einen kuriosen Anblick bietet die romanisch-barocke Wallfahrtskirche des seit dem 14. Jahrhundert bestehenden Marienheiligtums Maria Ponsee, drei Kilometer westlich von Zwentendorf. Jakob Prandtauer gestaltete den Innenraum mit dem wehrhaften Steinturm.

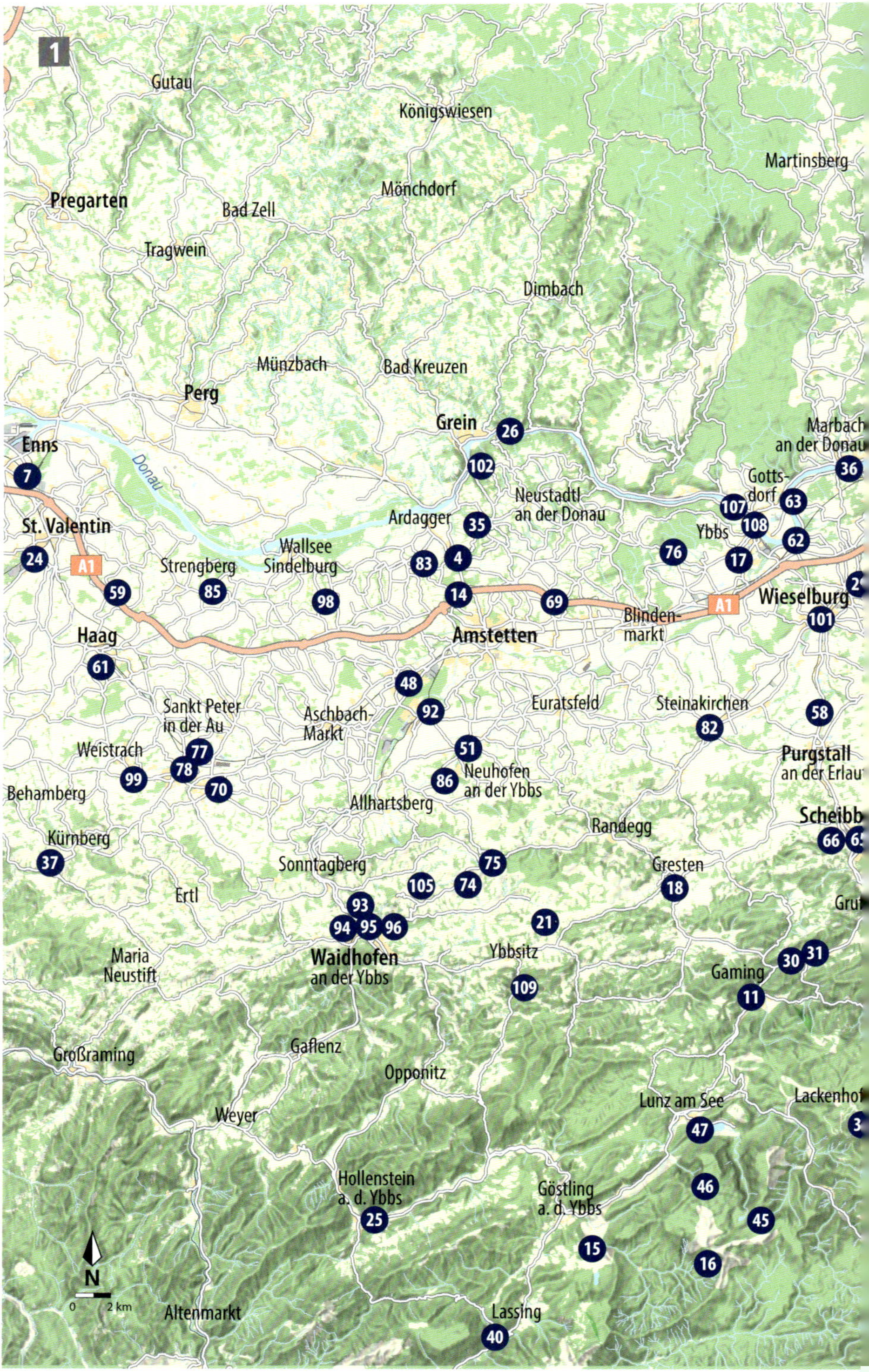
1
Gutau
Königswiesen
Martinsberg
Pregarten
Bad Zell
Mönchdorf
Tragwein
Dimbach
Münzbach
Bad Kreuzen
Perg
Grein
Enns
Donau
Marbach an der Donau
Gotts-dorf
Neustadtl an der Donau
Ardagger
Ybbs
St. Valentin
Wallsee Sindelburg
Strengberg
A1
Wieselburg
Blinden-markt
Haag
Amstetten
Sankt Peter in der Au
Aschbach-Markt
Euratsfeld
Steinakirchen
Purgstall an der Erlau
Weistrach
Neuhofen an der Ybbs
Behamberg
Allhartsberg
Randegg
Scheibb
Kürnberg
Sonntagberg
Gresten
Ertl
Gru
Maria Neustift
Waidhofen an der Ybbs
Ybbsitz
Gaming
Großraming
Gaflenz
Opponitz
Lunz am See
Lackenhof
Weyer
Hollenstein a. d. Ybbs
Göstling a. d. Ybbs
N
0 2 km
Altenmarkt
Lassing
7
24
59
85
98
83
4
14
69
26
102
35
76
107
108
63
36
62
17
101
61
48
92
51
86
82
58
77
78
99
70
37
75
74
105
93
94
95
96
21
18
66
30
31
11
109
47
46
45
16
15
25
40

2
Krems
an der Donau
Weißenkirchen
Mautern
an der Donau
Mühldorf
Paudorf
Traismauer
Sitzenberg
Reidling
Pöggstall
Bergern
Oberwölbling
Donau
Herzogenburg
Karlstetten
Pottenbrunn
Würmla
Melk
Hafnerbach
ST. PÖLTEN
Pöchlarn
Loosdorf
Prinzersdorf
Böheimkirchen
A1
S33
Hürm
Ober-
Grafendorf
Pyhra
Kasten bei
Böheimkirchen
Ruprechtshofen
Mank
Kilb
Grünau
Wilhelmsburg
Michelbach
Markt
Oberndorf
an der Melk
Rabenstein
an der Pielach
Eschenau
Traisen
St. Veit
an der Gölsen
Hainfeld
Texing
Kirchberg
an der Pielach
Lilienfeld
Ramsau
Frankenfels
Außerfahrafeld
Kleinzell
Lehenrotte
Schwarzenbach
an der Pielach
Puchenstuben
Türnitz
Hohenberg
Rohr
im Gebirge
Annaberg
Josefsberg
St. Aegyd
am Neuwalde
Mitterbach-
Seerotte
Mariazell
Naßwald
N
0
2 km
1
2
3
6
9
10
12
13
19
20
22
23
27
28
32
33
34
39
41
42
43
44
49
50
52
53
54
55
56
57
60
64
67
68
71
72
73
79
80
81
84
87
88
89
90
91
97
100
103
104
106
110
111

Georg Renöckl
111 Orte in Nordfrankreich, die man gesehen haben muss
ISBN 978-3-7408-0559-3

Erwin Uhrmann,
Johanna Uhrmann
111 Orte im Waldviertel, die man gesehen haben muss
ISBN 978-3-7408-0346-9

Günther Pfeifer,
Gerhard Hohlstein,
Franziska Wohlmann-Pfeifer
111 Orte im Weinviertel, die man gesehen haben muss
ISBN 978-3-7408-0843-3

Andrea Nagele, Barbara Essl
111 Orte in Klagenfurt und am Wörthersee, die man gesehen haben muss
ISBN 978-3-7408-1093-1

Bernadette Németh
111 Orte rund um den Neusiedlersee, die man gesehen haben muss
ISBN 978-3-7408-1078-8

Franz Hlavac, Gisela Hopfmüller
111 Orte in Kärnten, die man gesehen haben muss
ISBN 978-3-7408-1077-1

Rolando Suárez
111 Orte in Hallstatt, die man gesehen haben muss
ISBN 978-3-7408-0858-7

Susanne Gurschler
111 Orte in Osttirol, die man gesehen haben muss
ISBN 978-3-7408-0847-1

Sabine M. Gruber
111 Orte im Wienerwald, die man gesehen haben muss
ISBN 978-3-7408-0844-0

Daniela Dejnega, Luzia Schrampf, Tobias Fassbinder
111 Weine aus Österreich, die man getrunken haben muss
ISBN 978-3-7408-0618-7

Sophie Reyer, Johanna Uhrmann
111 Wiener Orte und ihre Legenden
ISBN 978-3-7408-1533-2

Monika Schmitz
111 Orte im Lungau, die man gesehen haben muss
ISBN 978-3-7408-1309-3

Kristof Halasz
111 Orte in Vorarlberg, die man gesehen haben muss
ISBN 978-3-7408-0568-5

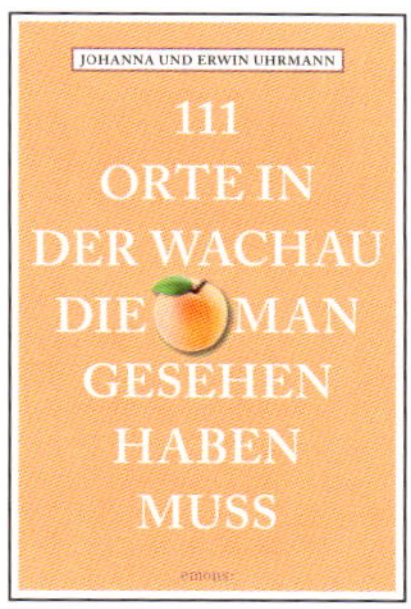

Erwin Uhrmann, Johanna Uhrmann
111 Orte in der Wachau, die man gesehen haben muss
ISBN 978-3-7408-0565-4

Robert Preis, Niki Schreinlechner
111 schaurige Orte in der Steiermark, die man gesehen haben muss
ISBN 978-3-7408-0445-9

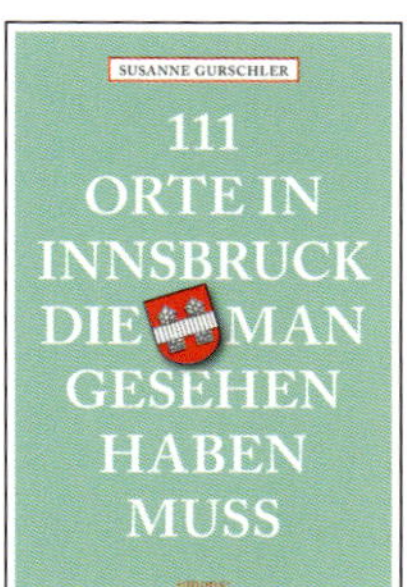

Susanne Gurschler
111 Orte in Innsbruck, die man gesehen haben muss
ISBN 978-3-7408-0343-8

Sabine M. Gruber
111 Orte der Musik in Wien, die man erlebt haben muss
ISBN 978-3-7408-0348-3

Gerald Polzer, Stefan Spath, Antonia Schulz
111 Orte in der Steiermark, die man gesehen haben muss
ISBN 978-3-7408-0140-3

Gerald Polzer, Stefan Spath
111 Orte in Oberösterreich, die man gesehen haben muss
ISBN 978-3-95451-857-9

Susanne Gurschler
111 Orte in Tirol, die man gesehen haben muss
ISBN 978-3-95451-834-0

Gerald Polzer, Stefan Spath
111 Orte in Graz, die man gesehen haben muss
ISBN 978-3-95451-466-3

Gerald Polzer, Stefan Spath, Pia Claudia Odorizzi von Rallo
111 Orte im Salzkammergut, die man gesehen haben muss
ISBN 978-3-95451-231-7

Karl Haimel, Peter Eickhoff
111 Orte in Wien, die man gesehen haben muss
ISBN 978-3-7408-1521-9

Dorothee Fleischmann, Carolina Kalvelage
111 Orte in Budapest, die man gesehen haben muss
ISBN 978-3-7408-0877-8

Matěj Černý, Marie Peřinová
111 Orte in Prag, die man gesehen haben muss
ISBN 978-3-95451-927-9

Veronika Wengert
111 Orte in Slowenien, die man gesehen haben muss
ISBN 978-3-7408-1083-2

Ranka Keser
111 Orte in Kroatien, die man gesehen haben muss
ISBN 978-3-7408-0557-9

Franz Hlavac, Gisela Hopfmüller
111 Orte in Friaul und Julisch Venetien, die man gesehen haben muss
ISBN 978-3-7408-0575-3

Thomas Tribus
111 Orte in Meran, die man gesehen haben muss
ISBN 978-3-7408-0443-5

Petra Koci, Benno Gut
111 Orte im Kanton Glarus, die man gesehen haben muss
ISBN 978-3-7408-1066-5

Christian Löhden
111 Orte in Graubünden, die man gesehen haben muss
ISBN 978-3-7408-1195-2

Ambroise Tièche,
Katharina Hohmann,
Fritz von Klinggräff
111 Orte in Genf, die man gesehen haben muss
ISBN 978-3-7408-0835-8

Silvia Götschi
111 Orte in Nidwalden, die man gesehen haben muss
ISBN 978-3-7408-0566-1

Nina Kobelt, Silvia Schaub
111 Orte rund um den Säntis, die man gesehen haben muss
ISBN 978-3-7408-0550-0

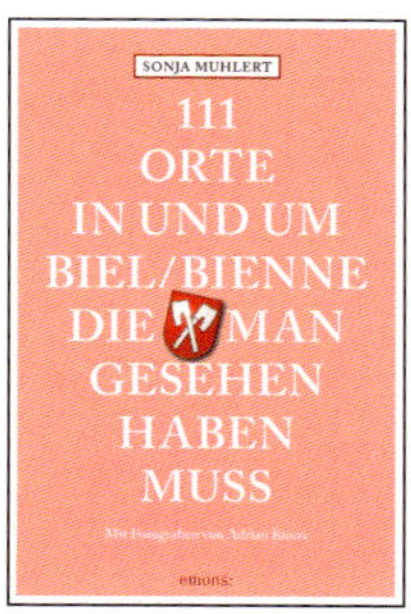

Sonja Muhlert, Adrian Künzi
111 Orte in und um Biel/Bienne, die man gesehen haben muss
ISBN 978-3-7408-0340-7

Corinne Päper, Georg Holubec
111 Orte in Winterthur, die man gesehen haben muss
ISBN 978-3-7408-0237-0

Marcus X. Schmid
111 Orte in Luzern und rund um den Vierwaldstättersee, die man gesehen haben muss
ISBN 978-3-7408-1367-3

Mercedes Korzeniowski-Kneule
111 Orte in Basel, die man gesehen haben muss
ISBN 978-3-95451-702-2

Oliver Schröter
111 Orte in Zürich, die man gesehen haben muss
ISBN 978-3-95451-538-7

Cornelia Lohs
111 Orte in Bern, die man gesehen haben muss
ISBN 978-3-7408-1385-7

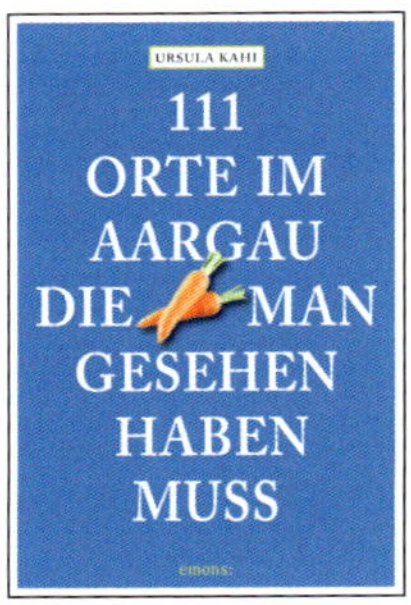

Ursula Kahi
111 Orte im Aargau, die man gesehen haben muss
ISBN 978-3-95451-537-0

Silvia Götschi
111 Orte im Kanton Schwyz, die man gesehen haben muss
ISBN 978-3-7408-0116-8

Lust auf mehr? Laden Sie sich die »LChoice«-App runter, scannen Sie den QR-Code und bestellen Sie weitere Bücher direkt in Ihrer Buchhandlung.

LChoice

Hier bestellen

Danksagung

Das Team der Mostviertel Tourismus GmbH hat mir bei meiner Arbeit wertvolle Hilfe geleistet, wofür ich mich herzlich bedanke. Insbesondere geht mein Dank an Clemens Oelmann, Andreas Purt und Gudrun Vösenhuber.
Danke an Hannes Ertl, Sepp Eybl, Gerhard Flossmann, Hans Geißlhofer, Waltraut Gugerell, Karl Haslauer, Walter Hasslinger, Franz Hochstöger, Artis Franz Jansky-Winkel, Tobias van Kooij, Margarete Kowall, Karl Kriener, Abt Pius Maurer, Mechthild von Mylius, Gabi Ortner-Treippl, Heribert Pfeffer, Karl Piaty, Hannes Pressl, René Raubal, Maria von Rochow, Stefan Rozporka, Stefan Schörghuber, Johann Schweiger, Marianne Sieder, Stefan Zach und Gerhard Zeillinger – für Tipps, Hintergrundinformationen, Ratschläge, Telefonate, Führungen und vieles mehr!
Bei meinen Recherchen vor Ort bin ich immer wieder auf gastfreundliche und hilfreiche Menschen gestoßen, die mir weitergeholfen haben – ihnen allen ein herzliches Danke!

Georg Renöckl, geboren 1976, ist freier Autor und Journalist in Wien, zwischendurch so oft wie möglich auch in Frankreich. Er veröffentlichte Bücher zu Wien, Paris und Nordfrankreich.